KB119592

쎄트렉아이 러시

SAT-RECI RUSH

쎄트렉아이 러시

카이스트에서 출발한 최강 스타트업!
국내 최초 우주 기업의 탄생

박성동
이강환
지음

위즈덤하우스

우리나라 우주 시대를 처음 연
우리별 1호는 30년이 지난 지금도 여전히,
쎄트렉아이와 함께 그 궤도를 걷고 있다.

우리별 1호가 발사된 지 30년이 지났다. 우리나라의 인공위성 개발은 대학을 갓 졸업한 5명의 젊은이가 위성 제작 기술을 배우기 위하여 영국으로 유학을 떠나면서 시작되었다. 그로부터 3년 뒤, 우리별 1호를 성공적으로 발사했다.

이들은 카이스트 인공위성연구센터에서 위성 개발을 이어갔다. IMF가 아니었다면 좀 더 순탄한 길을 걸었을지도 모르겠다. 어쩔 수 없는 상황에서 어떻게 보면 떠밀리듯이 쎄트렉아이라는 회사가 만들어졌고, 이 이야기를 드라마 〈카이스트〉에서 보았던 기억이 있다.

쎄트렉아이는 사업을 잘 꾸려나갔다. 물론 어려운 과정도 겪었지만, 20여 명으로 시작한 회사의 직원이 400여 명이 될 정도로 성장했다. 그리고 우주와 관련된 일을 하는 사람들에게는 누구나 한 번쯤 들어본 이름이 되었다. 그러던 어느 날 쎄트렉아이가 대규모 투자를 받았다는 소식이 들려왔다.

당시 나는 과학기술정보통신부 장관정책보좌관으로 일했고, 영국 유학부터 쎄트렉아이 창업, 대규모 투자 유치까지 모든 과정의 중심에 있었던 박성동은 쎄트렉아이 이사회 의장이었다. 그리고 우주와 관련된 많은 세미나와 회의의 단골 초대 손님이었다.

나는 '현장의 목소리를 듣는다'는 핑계로 이러한 세미나와 회의에 참석하면서 박성동 의장과 만날 기회가 자주 있었다. 마침 서로 잘 통하는 부분이 있어서(나는 그렇게 생각했다) 특별한 일이 없어도 틈틈이 만나 이런저런 이야기를 나누는 시간을 종종 갖게 되었다.

"쎄트렉아이 이야기를 남길 계획은 없으신가요?"

"사실 그동안의 일을 기록 차원에서 정리해둔 글이 있습니다."

"그런 것이 있다면 당장 출판하셔야지요!"

"공개하기에는 곤란한 내용이 많습니다."

"그럼 원고를 저한테 넘겨주세요. 제가 최대한 곤란하지 않게 만들어보겠습니다."

"네, 드릴 테니 마음대로 만들어보세요."

마음대로 만들 수 있는 게 아니었다. 30년 세월의 파란만장한 일들을 어떻게 다 밝힐 수가 있겠는가. 하지만 세세한 내용을 전부 말하지 않더라도 너무 재미있는 이야기였다. 쎄트렉아이는 우리나라를 인공위성 수출국으로 만들었고, 우리도 우주산업의 일원이 될 수 있다는 생각을 하게 해주었다. 해외로 기술이전까지 하여, 쎄트렉아이의 도움으로 위성 개발을 시작한 아랍에미리트는 2021년 화성 탐사선을 무사히 보냈다. 그 뒤 초창기에 한국에서 도와준 덕분에 자신들의 우주 사업이 가능했다고 감사를 표하기도 했다.

어떤 것이든 그 일을 처음 시작하는 사람들은 있다. 처음이기 때문에 모든 게 새롭고, 시행착오를 겪을 수밖에 없다. 아무도 하지 않은 일에 도전하여 수많은 시련을 극복하며 조금씩 성장해나가는 이야기는 다른 수사를 덧붙이지 않아도 그 자체로 충분히 감동적이다.

《쎄트렉아이 러시》를 집필하는 사이에, 우리나라 자체 기술로 개발한 누리호가 시험 발사에 성공했고 우리나라 최초의 달 탐사선이 달을 향해 출발했다. 허블 우주망원경의 뒤를 잇는 제임스웹 우주망원경이 보내온 사진이 전 세계적으로 화제가 되면서 우주에 대한 관심이 한껏 높아지기도 했다. 이런 관심이 새로운 세계를 향한 과감한 도전으로 이어지는 사례가 더 많이 생기기를 기대한다.

우리별 1호가 발사된 다음 해인 1993년, 위성을 만든 이들의 경험이 《우리는 별을 쏘았다》라는 책으로 나온 적이 있다. 아쉽게도 지금은 절판되어 그들의 생생한 이야기를 접하기 어려워 안타깝다. 일일이 주를 달지는 않았지만 이 책의 우리별 1호와 관련된 많은 부분은 《우리는 별을 쏘았다》에서 인용한 것임을 미리 밝혀둔다.

책을 준비하는 동안 누리호, 달 탐사선, 제임스웹 우주망원경 말고도 우리나라에는 많은 일이 있었다. 큰 내상으로 자칫 우주로 날아갈 뻔한 프로젝트를 끝까지 붙잡고 완성할 수 있게 해준 김예지 편집자님과 책을 출간하는 데 많은 도움을 준 위즈덤하우스에 감사의 마음을 전한다.

2022년 8월

이강환

차례

1. 우리나라 우주산업의 출발점

: 카이스트 인공위성연구센터와 우리별

2. 《사이언스》가 주목한 스타트업

: 인공위성 산업의 판도를 바꾼 쎄트렉아이

3. 우주 세대를 위한 새로운 길

: 기술 기반 스타트업 창업의 모든 것

SATREC I

우리별 1호 30주년 특집

RUSH

우리는
별을
쏘았다

▲ 우리별 1호와 아리안 4 로켓.

1992년 8월 10일 오후 8시 8분, 남아메리카 프랑스령 기아나에 위치한 쿠루 우주기지에서 아리안 4 로켓에 실린 대한민국 최초의 인공위성 우리별 1호의 발사 카운트다운이 시작되었다. 우리나라 시각으로는 8월 11일 오전 8시 8분. 이 장면은 KBS와 MBC를 통해 실시간 중계되고 있었다.

우리별 1호를 우주로 보내줄 아리안 로켓은 믿음직스러웠다. 아리안 로켓은 유럽 우주 기술의 자존심이라고 할 수 있다. 미국과 소련보다는 한참 늦은 1973년부터 시작했지만 1979년 아리안 1 발사에 성공한 뒤 점차 대형화된 로켓을 차례로 개발해, 스페이스X의 팰컨이 등장하기 전까지는 세계 발사체 시장의 절반가량을 점유했다. 아리안 4 로켓은 1988년부터 2003년까지 사용되었고, 총 113회의 발사에 성공했다. 우리별 1호를 쏘아 올린 로켓은 당시에 아리안 V52호로 불렸는데, '아리안스페이스사가 만든 52번째 로켓'이라는 뜻이었다.

아리안 4의 후속 아리안 5 로켓 역시 100회 이상 발사에 성공했고, 2021년 12월에는 허블 우주망원경의 뒤를 잇는 대형 우주망원경인 제임스웹 우주망원경을 쏘아 올리기도 했다. 이 발사는 너무나 성공적으로 이루어져 제임스웹 우주망원경이 궤도 수정을 위해 사용해야 하는 연료를 크게 줄여준 덕분에 망원경의 수명을 늘리기까지 했다.

우리별 1호 발사 10초 전, 육성으로 카운트다운이 시작되었다. 10, 9. 발사대가 로켓에서 분리된다. 8, 7, 6, 5. 로켓 엔진부에 불이 붙는다. 4, 3, 2, 1, 0, 발사! 아리안 로켓은 새빨간 장미꽃 같은 불길을 뿜으며 하늘로 솟아올랐다. 그 아래로 연보랏빛 연기가 무서운 속도로 퍼지며 사방을 뒤덮었다.

로켓은 상승을 시작하고 1단 로켓 양옆에 붙어 있는 부스터 로켓이 점화된다. 아리안 4는 3단 모두 액체연료를 사용하는데, 1단 로켓의 추진을 도와주는 부스터 로켓은 액체 또는 고체 연료를 쓴다.

발사 12.5초, 수직으로 상승하던 로켓은 원하는 궤도로 진입하기 위해서 방향을 바꾸기 시작한다. 모든 것이 정상이었다. 프랑스 발사 책임자의 '발사 정상'이라는 소리가 들려왔다. 한차례의 술렁임이 밀물처럼 관제실을 쓸고 지나갔다. 일단 첫 번째 고비는 넘겼다.

발사 1분 28초, 다 타버린 부스터 로켓을 분리하여 안전하게 대서양에 떨어뜨린다. 발사 3분 20초, 1단 로켓 추진이 종료되고, 5초 후에는 1단 로켓이 분리된다. 그리고 곧바로 2단 로켓이 점화된다. 다시 10초 후, 위성이 실린 탑재실의 덮개인 페어링이 분리된다. 모든 단계에서 잘못될 가능성은 있다. 한시도 마음을 놓을 수 없다.

보통 로켓의 높이는 수십 미터가 되지만 그 안의 대부분은 연료와 산화제가 차지하고, 우주로 올라가는 위성은 맨 꼭대기 둥근 부분 속에 실려 있다. 페어링은 로켓이 발사될 때 대기와의 마찰로부터 위성을 보호하려고 덮는 것인데, 대기권 밖으로 나가면 무게를 줄이기 위해서 분리한다. 사용된 로켓은 지금도 대부분 그대로 버려지지만, 최근 스페이스X와 블루오리진 같은 민간 회사에서는 이 로켓을 재활용하는 기술을 개발해 위성 발사 비용을 줄이고 있다.

로켓의 목표는 맨 꼭대기에 실린 위성을 궤도에 투입하는 것이다. 위성은 자체 연료로 지구의 주위를 도는 게 아니라 지구의 중력을 이용한다. 달이 중력으로 지구의 둘레를 도는 것과 마찬가지다. 그런데 정해진 궤도에서 지구 주위를 돌기 위해서는 그 궤도에 맞는 충분한 속력을 가져야 한다. 로켓의 임무는 위성을 궤도 높이까지 올려놓은 다음 궤도를 유지할 충분한 속력을 전해주는 것이다.

발사 5분 31초 후, 2단 로켓 추진이 종료되고 5초 후에는 2단 로켓이 분리된다. 그리고 곧이어 마지막 3단 로켓이 점화된다. 3단 로켓은 10여 분 동안 위성을 정해진 높이에 올려놓고 궤도를 돌 수 있는 속력을 전해준다.

발사 약 20분 뒤, 우리별 1호와 함께 실려 발사된 주 탑재물인 토펙스포세이돈(TOPEX-POSEIDON) 위성이 분리되었다. 아리안 42P(아리안 4 가운데 고체연료 부스터 2개를 사용하는 모델)는 2930킬로그램을 정지궤도에 올려놓을 수 있는 대형 로켓이다. 그런데 우리별 1호는 크기 35.2센티미터×32.6센티미터×67.0센티미터에 무게 48.6킬로그램의 소형위성이다. 그래서 훨씬 더 큰 위성인 주 탑재물과 함께 발사되었다.

무게 2400킬로그램의 토펙스 포세이돈은 미 항공우주국 NASA와 프랑스 국립우주연구센터 CNES가 함께 개발한 해양관측위성으로, 2006년까지 작동하면서 바다 표면의 높이를 정확하게 측정하여 기후에 대한 이해를 높이는 데 큰 역할을 했다.

이제 우리별 1호가 분리될 시간이 다가오고 있었다. 어느 순간도 마음을 놓을 수가 없었다. 온갖 나쁜 상상이 머릿속을 스쳐갔다.

'만일 우리별이 분리에 실패한다면…. 3년 동안 밤잠을 설쳐가며 젊음을 쏟았던 모든 노력은 물거품이 되고 우리의 장래도 사라질 것이다. 다시는 위성을 만들 수 없게 될지도 모른다.'

연구원들은 땀으로 축축이 젖은 손에 힘을 주었다. 우리별 1호가 분리되어야 할 시점을 지나가고 있었다. 아직 분리가 확인되지는 않고 있다. 손끝이 떨려왔다. 그리고 통제 지휘관의 방송이 들려왔다.

"우리별 분리 정상."

조용하던 쿠루 우주기지에는 환성과 박수가 폭죽처럼 쏟아졌다. 대전의 지상국에서도 환호성이 터졌다. 우리나라 최초의 인공위성이 우주로 올라간 순간이었다.

하지만 아직 끝난 것이 아니다. 사실 시작도 하지 않았다. 지금까지는 아리안 로켓이 자신의 임무를 충실히 다했을 뿐, 우리별 1호는 아직 아무것도 한 일이 없었다. 발사체의 역할은 인공위성을 궤도에 올려놓는 것이다. 그것만으로 충분하고, 쉽지 않다.

순수 국내 기술로 개발된 로켓 누리호도 아리안 4와 같은 3단 로켓이다. 누리호는 1.5톤의 위성을 약 700킬로미터 고도에 올릴 수 있다. 1단은 75톤급 엔진 4기, 2단은 75톤급 엔진 1기, 3단은 7톤급 엔진 1기로 구성되었다. 엔진은 모두 액체연료를 사용한다. 2021년 10월에 있었던 누리호 1차 시험 발사에서 1단과 2단 로켓은 성공적으로 임무를 마쳤으나 3단 로켓의 연소가 예정보다 일찍 끝나버렸다. 결국 위성 모사체는(시험 발사였기 때문에 진짜 위성이 아니라 모사체를 실었다) 충분한 속력을 전달받지 못했기 때문에 궤도를 돌지 못하고 다시 지구로 추락하고 말았다.

누리호는 2022년 6월 21일 2차 시험 발사에서 성능 검증 위성과 위성 모사체를 완벽하게 궤도에 투입하며 멋지게 임무를 완수했다. 자체 개발한 로켓이 단 두 번 만에, 발사에 성공하는 경우는 거의 없다고 해도 지나치지 않다. 어려운 상황에서도 훌륭한 성과를 일구어낸 연구원들에게 찬사를 보내며 앞으로의 후속 발사와 향후 발사체 업그레이드에도 좋은 결과가 있기를 기원한다.

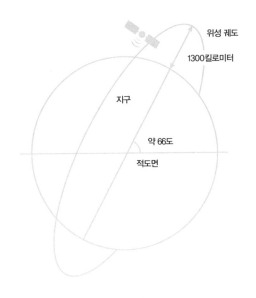

위성 궤도

1300킬로미터

지구

약 66도

적도면

▲ 우리별 1호의 궤도.

다시 돌아와서, 우리별 1호는 발사 23분 36초 후에 로켓에서 분리되어 단독 비행을 시작했다. 로켓에서 분리되면 우리별 1호는 곧바로 전력부, 수신부, 원격 명령부에 전원이 공급된다. 하지만 이 과정이 제대로 이루어졌는지 바로 알 수는 없다. 아직 위성과의 교신이 이루어지지 않았기 때문이다.

발사체의 임무가 끝난 지금, 어떤 문제가 생긴다면 오롯이 인공위성을 만든 사람들의 책임이다. 인공위성의 성공 여부가 결정되려면 일단은 위성과 교신을 해야 한다. 발사가 잘되었어도 교신이 이루어지지 않으면 위성을 영영 잃어버리기도 한다. 우리별 1호의 신호를 받을 지상국은 대전에 있는 카이스트 인공위성연구센터에 마련되었다. 교신을 위해서는 우

선 지구 반대편에서 발사된 우리별 1호가 교신이 가능한 범위로 들어와야
한다.

우리별 1호는 고도 약 1300킬로미터에서 지구를 돈다. 인공위성의 궤
도는 저궤도, 중궤도, 정지궤도, 고궤도 등으로 나누어지지만 대부분의
위성이 위치하는 곳은 고도 200~2000킬로미터의 저궤도와 고도 약 3만
6000킬로미터의 정지궤도다. 우리별 1호는 저궤도에 있지만 국제우주정
거장(고도 약 400킬로미터)이나 허블 우주망원경(고도 약 550킬로미터)에 비해
비교적 높은 곳에 자리했다.

우리별 1호의 궤도는 완전한 원은 아니지만 원궤도에 가깝다. 이 원궤
도가 지구 적도면과 이루는 각도는 약 66도다. 우리별 1호의 궤도는 같이
발사된 주 탑재물인 토펙스 포세이돈과 비슷하게 결정되었다. 소형위성
은 대형위성이 발사될 때 함께 얹혀서 올라가는 경우가 많기 때문에 대부
분 주 탑재물과 유사한 궤도를 가지게 된다.

보통 지구 전체를 관측하는 위성들은 태양동기궤도를 가진다. 태양동
기궤도는 위성이 지구의 북극과 남극을 통과하면서 궤도면이 태양과 이루
는 각이 항상 일정한 궤도다. 그런데 토펙스 포세이돈은 해수면을 지속적
으로 측정하는 것이 목적이었기 때문에 바다를 최대한 오래 관측할 수 있
는 독특한 궤도를 가지게 되었고, 우리별 1호 역시 그에 따라 궤도가 결정
되었다.

위성이 지구를 한 바퀴 도는 시간은 고도에 의해 정해진다. 고도가 높
아질수록 지구의 중력이 약해지기 때문에 위성의 속력은 느려지고 지구

를 도는 주기는 길어진다. 우리별 1호의 고도 1300킬로미터에서 지구를 한 바퀴 도는 데 걸리는 시간은 약 110분이다. 초속 7킬로미터가 넘는 엄청난 속력이다.

지구를 110분 만에 한 바퀴 돌면, 하루에 13회가량 돌게 된다. 위성은 거의 일정한 궤도를 도는데 지구가 자전을 하기 때문에 위성에서는 지구의 거의 모든 곳을 볼 수 있다. 한 지점을 기준으로, 위성의 궤도가 너무 먼 곳을 지나가면 교신이 되지 않는다. 우리별 1호의 경우 우리나라에서 교신이 가능한 범위로 들어오는 것은 13회 중 7회 정도다. 그리고 위성은 너무나 빠르게 움직이기 때문에 한 지점에서 볼 때, 한쪽 지평선에서 나타나 다른 쪽 지평선으로 사라지는 시간은 길어야 15분이다. 위성이 머리 위를 지나가면 시간이 더 길고 지평선 근처로 지나가면 아주 짧다.

오전 8시 8분에 발사된 우리별 1호는 그날 오후 7시 30분 근처에 우리나라 상공을 처음으로 통과할 예정이었다. 카이스트 인공위성연구센터에 마련된 지상국에는 첫 교신을 위해 컴퓨터 앞에 앉은 연구원, 교수 그리고 이를 취재하기 위해 이른 저녁부터 모여든 10여 명의 기자까지 발 디딜 틈이 없을 정도였다.

첫 교신이 항상 성공하는 것은 아니다. 로켓에서 분리되면 위성은 데굴데굴 구르는 상태와 마찬가지이기 때문에 안테나가 지구를 향하지 않을 수도 있다. 위성의 자세가 안정화되지 못했거나 초기 궤도 정보가 부정확하면 첫 교신에 실패하는 경우가 많고, 당시에는 몇 차례 시도 후에 성공하기도 했다.

하지만 그날 오전 우리나라 최초의 인공위성이 발사되는 모습을 생중계로 지켜본 이들의 흥분과 기대를 저버려서는 안 되었다. 오후 7시 27분 첫 교신을 시도했다. 우리별 1호는 아무런 반응을 보이지 않았다. 몇 번을 반복했지만 우리별 1호는 지평선 너머로 사라질 때까지 대답하지 않았다.

우리별 1호와의 교신은 지구를 한 바퀴 돌고 나서 다시 돌아온 오후 9시 19분, 두 번째 시도에 이루어졌다. 관제 컴퓨터로 우리별 1호에서 보낸 신호가 들어오기 시작한 것이다. 자료를 받은 지상국에서는 우리별 1호의 주 컴퓨터를 가동하라는 명령을 보냈다. 주 컴퓨터가 가동되어야 위성이 임무를 수행할 수 있다. 역시 주 컴퓨터도 정상적으로 작동했다.

조용하던 지상국에 금세 환호성이 터졌다. 여기저기서 카메라 플래시가 번쩍이고 TV 촬영을 위해 켜진 조명으로 대낮처럼 밝아졌다. 교신이 이루어진 시간은 9분 정도로 짧았지만, 이제 위치가 확인되었기 때문에 지상국에서 위성을 조정할 수 있게 되었다. 당시 우리별 1호는 중국 산둥 반도 상공에서 적도 쪽으로 이동 중이었다.

우리나라 최초의 인공위성이 활동을 시작하는 순간이었다.

SATREC I

1

RUSH

우리나라 우주산업의 출발점

: 카이스트 인공위성연구센터와 우리별

카이스트 학부생들,
영국에 가다

1989년 여름, 과학기술대학 교내 게시판에 공고가 붙었다.

우리나라 최초의 인공위성을 개발할 유학생을 모집합니다.

공고를 붙인 사람은 카이스트 전기전자공학과 최순달 교수였다. 최순달 교수는 1954년 서울대학교 전기공학과를 졸업하고 미국 UC버클리에서 석사, 스탠퍼드대학교에서 박사 학위를 받은 후 휴렛팩커드와 NASA 제트추진연구소(JPL) 연구원으로 재직했다. 1975년 국내 유치 과학자로 귀국한 뒤 금성사(현 LG) 중앙연구소장, 한국전기통신연구소(현 한국전자통

* 과학기술대학은 1985년에 설립되어 1986년부터 신입생 모집을 시작한 카이스트의 학부 과정이다. 이전의 카이스트는 대학원만 있었다. 현재는 학부와 대학원을 통합하여 카이스트라고 부른다.

신연구원, ETRI) 초대 소장, 체신부 장관을 지냈다. 이후 한국과학재단(현 한국연구재단) 이사장을 마치고 1989년 3월부터 초대 학장을 지냈던 과학기술대학으로 돌아와 평교수로 재직하고 있었다.

그리고 최순달 교수는 1982년 한국전기통신연구소장 시절 "TDX를 성공적으로 개발하지 못하면 어떠한 처벌도 달게 받겠다"고 한, 이른바 'TDX 혈서'의 주인공 중 한 사람이기도 하다. TDX(Time Division eXchage, 시분할 방식 교환기)는 컴퓨터를 이용하여 전자식으로 통신교환을 가능하게 해주는 기기다. 당시 우리나라는 사람이 손으로 연결하는 기계식 교환기를 주로 사용했고, 일부 전자식이 도입되었으나 해외 완제품을 수입한 것이라 다양한 서비스를 제공하지도, 사고에 제대로 대응하지도 못하는 상황이었다.

TDX를 국내에서 개발하겠다는 계획에 대해 일부에서는 '무모한 국책사업에 돈을 쓰느니 차라리 한강 다리를 하나 더 놓으라'며 반대하기도 했다. 정부에서도 부담스러워하는 사업을 추진하기 위해 최순달 교수는 각서를 제출했고 4년 만에 세계에서 열 번째로 TDX를 개발하는 데 성공했다. TDX로 인해 우리나라는 전화 신청 후 설치에 1년씩 걸리던 문제를 해결하여 '1가구 1전화 시대'를 열게 되었다. 이때 개발된 TDX-1은 우리나라가 정보 통신 강국이 되는 데 초석이 되었다는 평가와 함께, 2020년 국가 중요 과학기술 자료에 첫 번째로 등록되었다.

1987년 말 제6공화국이 출범하면서 방송통신위성 보유가 공약으로 제시되었고, 같은 해 항공우주산업개발촉진법이 제정되었으며, 그 무렵 다수의 대학에 항공우주공학과가 신설되었다. 또한 1989년에는 항공우주 연구소가 설립되었다. 1989년 2월, 체신부가 대통령에게 국내 위성 확보 계획을 보고했고 1995년에 우리나라 최초의 통신위성을 발사하겠다는 발표가 있었다. 체신부 장관을 지냈던 최순달 교수는 이 계획을 듣고 체신부를 방문하여 설득했다.

수천 억짜리 위성을 아무런 준비도 없이 발사하는 것은 위험한 발상이다. 그 전에 인공위성 분야의 인력을 양성하고 초보적인 기술을 축적하기 위해 소형 과학위성을 발사하는 것이 좋다.

이 주장이 받아들여져 1993년 8월에 우리나라 최초의 인공위성을 발사한다는 목표가 수립되었다. 최순달 교수는 무엇보다 인력 양성이 매우 중요하다고 생각하여 한국과학재단이 새롭게 시작하는 우수연구센터 프로그램을 활용해 인공위성연구센터를 설립했다. 그리고 인공위성을 직접 제작하는 영국 서리대학(University of Surrey)에 학생들을 유학 보내기로 했다.

1989년부터 시행된 우수연구센터는 국내 대학의 뛰어난 연구 인력을 집중 지원하며, 기초과학 분야에 대한 과학연구센터(SRC)와 산업 발전과 연계된 공학연구센터(ERC)로 나누어 지원한다. 이 프로그램은 우리나라 기초과학 발전에 큰 역할을 하면서 지금까지 계속 이어지고 있다. 카이스트 인공위성연구센터는 1989년 8월에 ERC 제안서를 제출했다.

당시의 지원 신청서는 '실험위성 개발 및 운용'과 '관련 기술 개발'로 구성되어 있다. 서리대학과 국제 공동 연구를 통해 그 대학이 자체 개발하여 운용하던 UoSAT을 모델로 실험위성을 만들어 4년 내에 자체 위성을 보유하는 것이 첫 번째 목표였다. 그리고 이 위성 개발과 운용을 바탕으로 위성공학의 광범위한 분야에 대한 기술 경험을 축적하고 교육에 활용해서 고급 인력을 양성한 뒤 산업으로의 정착을 유도하는 것이 두 번째 목표였다.

이에 따라 연간 5명의 학생을 포함한 연구원 10여 명을 서리대학으로 파견하여 석사과정을 이수하도록 하고, 이후 당시 유럽 최대의 우주 분야 회사인 마르코니 스페이스 시스템(Marconi Space Systems)에서 실무 경험을 쌓도록 계획했다. 그리고 이들 중 우수한 인력을 선발해 박사과정을 밟도록 하여 우리나라 우주 기술의 중추 역할을 맡길 예정이었다. 이와 별도로 교수와 기업 연구원들에게도 3개월에서 6개월 동안 세부 연구 분야별로 연수를 시킬 계획을 포함하고 있었다. 이렇게 인공위성연구센터는 1990년 2월, 정식 우수연구센터로 선정되었다.

최순달 교수는 우수연구센터 지원을 준비하면서 서리대학과 유학생 파견 및 기술이전을 통한 위성 개발 계획을 협의했다. 서리대학은 1970년대부터 위성 개발을 시작하여 1981년과 1984년에 각각 UoSAT-1, UoSAT-2를 NASA의 협조로 무상 발사한 경험이 있었다. 이곳은 고가의 고신뢰도 부품과 매우 보수적인 설계 방식을 채택하는 통상적인 개발 방식과는 달리, 상용 부품을 이용하여 제작 비용을 현격히 낮추면서도 흥미로운 임무를 수행하는 위성을 만들 수 있음을 보여주었다. 최순달 교수는 서리대학에서 진행한 단기 강좌에 참여하면서 이곳의 능력을 알게 되었다. 당시만 하더라도 대표적인 국가 우주개발 기관, 우주 분야 대기업을 제외하고는 어떤 대학이나 연구 기관이 위성을 만드는지 파악하기가 쉽지 않은 시절 이었는데, 대학에서 두 번이나 저렴하게 위성을 제작한 것을 보고 유학생을 보낼 최적의 기관으로 선택했다.

유학생 선발은 1986년에 과학기술대학 1기로 입학하여 1989년 1학기를 수료한 조기 졸업 예정자를 대상으로 이루어졌다. 이때 뽑힌 박성동은 유학 설명회 당시 최순달 교수가 한 말을 이렇게 기억하고 있다.

"이렇게 좋은 환경에서 공짜로 공부하는 것을 당연하게 누릴 권리라고 생각하면 커다란 오산이다. 너희가 공부하는 데 들어간 비용 중 일부는 시장에서 채소나 생선을 파는 할머니의 전대에서도 나왔음을 명심해라. 이는 너희에게 세상을 좀 더 발전적인 모습으로 바꾸는 데 기여해달라는 뜻이다. 받은 혜택의 곱절을 사회에 돌려줘야 한다는 책임의식을 가져라. 나는 우리나라의 위성 기술 개발에 헌신할 친구들을 찾는다."

박성동과 함께 김성헌, 김형신, 장현석, 최경일이 첫 번째 유학생으로 선발되었다. 조기 졸업 후 카이스트 대학원 진학이나 유학을 생각하던 중에 모집 공고를 보고 지원한 학생들이었다. 1989년 8월에 선발된 이 5명은 겨우 두 달 뒤인 10월에 곧바로 영국으로 가 서리대학에서 대학원 1학기를 시작했다. 유학생들이 떠나기 직전 인사차 찾아뵈었던 최순달 교수는 이렇게 말했다.

"대한민국 최초의 인공위성을 너희 손으로 만들고, 너희가 우리나라 우주산업의 개척자가 된다는 자부심과 책임감을 항상 간직해라. 이준 열사가 네덜란드 헤이그만국평화회의에서 조선이 독립국임을 알리려다 그 뜻이 꺾이자 자결했던 심정으로 열심히 공부하기 바란다. 그리고 성공하지 못하면 돌아오지 마라."

지금 관점에서 보면 지나치게 비장한 것이 아닌가 생각할 수도 있겠지만 당시는 1989년이고, 우리나라가 인공위성을 만든다는 건 상상도 못하던 시기였다. 5명의 유학생은 언어조차 익숙하지 않은 낯선 환경에서 빠듯한 지원금 때문에 햄버거 가게나 중국집 등에서 파트타임으로 일하면서도 모두 1년 만에 시험과 논문 발표를 통과하여 무사히 석사 학위를 받았다.

1990년 9월, 석사과정을 마친 1기 5명은 10월부터 서리대학에서 제작하는 UoSAT-5 위성 제작에 참여하게 되었다. 참관이 아니라 '참여'였다. 그러니까 실제 위성에 탑재되는 기기를 직접 제작해야 한다는 말이었다.

UoSAT-3와 UoSAT-4는 1990년 1월, 동시에 발사되었지만 UoSAT-4가 발사 직후부터 동작하지 않았다. 두 위성은 동일한 본체 설계 위에 각기 다른 시험용 장비가 탑재되었는데, UoSAT-4가 작동하지 않으니 거기에 실린 장치를 다시 올려야 할 필요가 생겼다. 그래서 예정에 없던 UoSAT-5 제작이 진행된 것이었다.

UoSAT-5는 1985년에 서리대학의 자회사로 설립되었던 SSTL(Surrey Satellite Technology Limited)에서 만들었다. SSTL은 2008년 에어버스에 인수되어 지금은 직원 500명이 넘는 회사지만, 당시에는 아직 체계도 제대로 갖춰지지 않았고 인력도 부족했기 때문에 한국 유학생들의 손이 크게 필요한 상황이었다. SSTL 입장에서는 공짜 노동력이었고, 유학생들 입장에서는 실전 연습의 기회를 얻는 것이었기 때문에 서로 도움이 되는 조건이었다.

UoSAT-5 제작에 참여하게 된 것은 정말 좋은 기회이긴 했지만 이제 막 석사를 마친 학생들에게는 만만한 일이 아니었다. 위성에 관한 전반적인 이론은 알더라도 실제로 어떻게 만들어지고 어떻게 움직이는지 구체적인 사항은 몰랐다. 그런데 곧바로 위성에 실려 우주로 올라갈 장비를 직접 만들어야 하는 것이었다. 모두 아침 9시 출근에 밤 12시 퇴근은 기본이고, 수시로 밤을 새워 일하는 게 일상이 되었다.

인공위성은 크게 본체와 탑재체로 이루어진다. 위성 본체는 '버스'라고 부르는데, 여기에 승객에 해당하는 탑재체를 태우는 것이다. 본체는 인공위성의 뼈대인 구조계, 전력을 공급하는 전력계, 자세를 조절하는 자세제어계, 추력을 담당하는 추진계, 지상국과 데이터를 주고받는 원격측정 및 제어계, 위성의 온도를 관리하는 열제어계 등 여러 서브 시스템으로 이루어져 있다. 탑재체는 위성의 목적에 따라 카메라, 분광기, 방사능 측정기와 같이 데이터를 수집하는 기기들이다.

인공위성 하나가 궤도에 올라가기까지 보통은 3기의 위성을 제작하여 테스트한다. 일단 발사되고 나면 수리가 불가능하기 때문에 철저한 시험과 검증이 필요하다. 처음 만드는 것은 엔지니어링모델이다. 엔지니어링 모델의 성능 시험과 환경시험을 거치는 동안 발생하는 문제점을 해결하고 나면 인증모델을 제작한다. 인증모델 역시 성능 시험과 환경시험을 하여 엔지니어링모델에서 발생했던 문제가 개선되었는지 확인한다. 인증모델에서 모든 문제가 해결되었음이 확인되면 실제로 발사하는 최종 모델인 비행모델을 만든다.

UoSAT-5는 중간 단계인 인증모델을 만들지 않고 엔지니어링모델로 테스트한 뒤 바로 비행모델을 만들었다. 어느 한 부분이라도 잘못되면 발사와 동시에 위성은 고철덩어리가 되어버리기 때문에 단 한 번의 실수도 용납되지 않았다.

우리나라 유학생들이 처음 제작에 참여한 위성 UoSAT-5는 1991년 7월에 성공적으로 발사되었다. 그리고 그날 위성이 서리대학 상공을 지나갈 때 지상국과의 교신도 이루어졌다. 얼마 후에는 학생들이 만든 시스템과 실험 장치도 정상적으로 움직이고 있다는 게 확인되었다. 난생처음 만든 작은 조각이 지구 주위를 맴돌며 무언가 의미 있는 일을 한다는 것, 이에 대한 느낌은 색다른 기쁨의 영역이었다.

유학생들은 실제 위성 제작뿐만 아니라 열진공 시험, 전자파 적합성 시험, 진동 시험 등 우주 환경시험과 발사장에서의 준비 과정에도 참여했다. 이는 우리별 1호 개발 전에 짧은 기간 동안 매우 축약된 프로젝트를 경험하는 좋은 기회가 되었다.

02

인공위성연구센터가 빚은
첫 인공위성

우리나라 최초의 인공위성 발사는 원래 1993년 8월이 목표였고, 15명 정도의 유학생이 귀국한 후 국내에서 위성을 제작할 계획이었다. 그런데 체신부가 인공위성연구센터에 연 10억 원을 지원하기로 결정한 뒤 과학기술처도 추가로 연구비를 지원하기로 하면서 조기 발사를 요구하여 일정이 1년 당겨졌다. 과학기술처는 개발비 지원을 명목으로 위성 규모를 2배 키워달라고 했으나 이 사항이 불가능하자 발사 시점을 앞당기도록 요구한 것이다. 결국 위성 제작은 한국이 아니라 영국에서 진행될 수밖에 없었다.

우리별 1호 발사 일정이 1992년 8월로 결정된 것은 1991년 초였다. 당시는 UoSAT-5 개발이 거의 완료된 시기였고, 1990년 10월 서리대학에 도착한 2기 유학생 박강민, 유상근, 이현우, 민승현이 석사과정을 이수하는 중이었다. 그리고 카이스트 연구원 박찬왕, 남승일이 리더 격으로 합류하여 총 11명이 1년 만에 인공위성을 만들어내야 하는 상황이었다.

이 기간 안에 위성을 제작하는 일은 어차피 한국에서 불가능했다. 위성에 필요한 부품은 외국에서 살 수밖에 없었고 우리나라에서 구입하려면 주문, 배송에 세관 통과까지 몇 달이나 걸리기 때문에 빠르게 진행될 수가 없었다. 이와 달리 서리대학은 그동안 위성을 만든 경험이 워낙 많기에 전화나 팩스만으로도 부품 구매가 가능했다.

우리별 1호 개발은 SSTL과 카이스트 사이의 계약으로 진행되었다. 1991년 1월에 체결된 이 계약에는 이미 진행 중이던 기술 자문, UoSAT-5 개발 참여와 유학생들의 등록금 및 한국팀의 제작 경험 확보를 위한 부품과 우리별 1호, 2호 제작에 필요한 부품 공급, 지상국 업그레이드가 포함되어 있었다.

계약상으로 우리별 1호 제작에 대한 책임은 SSTL에서 지는 것이었기 때문에 프로젝트 공식 책임자는 SSTL이 맡고, 카이스트 측에서는 박찬왕 연구원이 부매니저로서 유학생 연구원들을 이끄는 형태였다. 그런데 당시 SSTL은 프랑스에서 주문한 다른 위성을 함께 만들고 있어서 SSTL 소속 연구진은 주로 그 프로젝트에 시간을 투입했다. 그 때문에 우리별 개발은 카이스트팀이 중심이 될 수밖에 없었다.

우리별 1호가 본격적으로 만들어지기 시작하면서부터는 실험실에서 밤을 새워야 하는 날이 많아졌다. 턱없이 부족한 인원으로 정해진 시간 안에 위성을 제작해야 했기 때문에 편안한 잠자리를 가질 여유가 없었다.

적은 인원으로 위성을 만들 때 가장 큰 어려움은 한 사람이 여러 명 몫의 일을 맡아야 한다는 것이다.

김성현은 새롭게 개발하는 우주 방사선 검출기를 제작하면서 원격 명령과 검 침부, 보조 컴퓨터를 함께 담당해야 했다.

박성동은 수신기, 모뎀, 안테나 제작이 주 업무였지만 위성체의 열해석과 각종 임무 분석을 해야 했다.

최경일은 주 컴퓨터에 들어갈 소프트웨어 개발에 더하여 위성 안의 각 부분을 연결하는 배선을 담당했다(우리별 1호에는 약 750개의 배선이 있는데, 어느 한 선이라도 잘못되면 마치 우리 몸의 혈관이 막힌 것과 같은 결과를 가져온다).

김형신은 처음에 주 컴퓨터만 맡았다가 시간이 지나면서 충전지를 시험하고 선별하는 장치 제작을 하게 되었고, 그렇게 해서 골라 낸 충전지가 위성에 들어가도록 틀에 넣고 특수 처리하는 일까지 담당했다. 게다가 우리말 방송 장치를 위한 주 컴퓨터용 프로그램을 만드는 일도 도왔다.

여기서 어떤 일을 맡는다는 의미는 그 부분에 관련된 모든 것을 책임 져야 함을 뜻했다. 회로부터 회로 기판의 설계, 부품 구매와 관리, 납땜, 코팅 등 전부 스스로 관리하고 정해진 일정 안에 만들어야 한다. 이렇게 여러 일을 같이 진행하면 하루에 해야 할 것이 아무리 적어도 대여섯 가지 는 되게 마련이다. 실험실에서 밤을 새우는 날이 많을 수밖에 없었다. 무엇보다도 그렇게 적은 인원으로, 기한 안에 위성을 완성한 건 거의 기적에 가까운 일이었다.

비행모델 제작이 완료되면 환경시험을 한다. 우주는 지상과 전혀 다르기 때문에 땅 위에서는 제대로 작동하던 기기가 우주 환경에서는 문제를 일으킬 수도 있다. 그래서 우주와 비슷한 환경을 만들고 그 상태를 시험하는 과정이 필요하다.

우주 같은 진공상태에서 온도를 영하 40도에서 섭씨 70도까지 변화시키며 위성이 이러한 상황에서도 잘 작동하는지 살펴보는 열진공 시험, 위성이 로켓에 실려 발사될 때처럼 아주 심하게 흔들어댄 후 기능에 이상이 없는지 알아보는 진동 시험이 대표적이다.

특히 열진공 시험은 일주일 내내 위성을 켠 상태로 진공 체임버에 넣고, 위성의 온도를 올렸다 내렸다 하면서 각 부분이 어떻게 동작하는지 지켜봐야 한다. 그 일주일 동안 잠시도 위성에서 눈을 떼서는 안 된다. 위성에 실린 여러 가지 탑재물이 제대로 작동하는지도 시험해야 하기 때문이다.

인원이 충분하다면 큰 어려움은 없을 수도 있지만 혼자 서너 사람의 역할을 담당하면서 12시간씩 위성에서 시선을 돌릴 수 없는 시험을 계속하는 것은 보통 힘든 일이 아니었다. 더구나 우주 환경을 모사하는 시험 장비는 너무 고가였기 때문에 서리대학에서는 갖추어놓지 않아, 자동차로 한 시간 거리에 있는 다른 연구소와 기업의 시설을 이용해야 했다.

이렇게 힘들게 환경시험을 마친 위성은 1992년 7월에 남아메리카 프랑스령 기아나 발사장으로 이동했고, 유학생 중 일부는 발사장으로 가고 나머지는 한국으로 돌아왔다. 유학을 떠난 지 2~3년밖에 되지 않은 학생들이 만든 우리나라 최초의 인공위성은 예정했던 1992년 8월 11일에 무사히 발사되었다. 우리별 1호의 제작 과정을 소개한 《우리는 별을 쏘았다》(미학사, 1993)에는 이런 내용이 있다.

> **우리별 1호를 만든 젊은이들은 아직도 그날을 잊지 못한다. 아니 그들이 아버지가 되고 할아버지가 되어서도 그날의 감격은 사라지지 않을 것이다.**

30여 년이 지난 지금도 여전히 그들에게는 그날의 감격이 사라지지 않고 있다.

인공위성연구센터는 이후로도 1996년까지 총 27명의 카이스트 졸업생을 선발해 영국 서리대학과 런던대학, 일본 도쿄대학, 미국 컬럼비아대학과 아이오와대학으로 유학을 보냈다. 학생을 보내기로 결정한 대학들은 인공위성 본체, 지구 관측 탑재체, 원격탐사, 우주과학 탑재체, 자세제어 등 해당 분야에서 최고 수준의 기술을 보유했고 기술 습득이 용이한 곳이었다. 이렇게 파견된 유학생들은 짧게는 2년, 길게는 7년간 수학을 거쳐 1명을 제외하고는 모두 귀국했다.

03

우리별은 남의 별?

우리별 1호는 발사 당일 저녁 두 번째 교신부터 정상적으로 운용되었다. '정상적으로 운용되었다'는 것이 아무 문제없이 완벽하게 작동했다는 의미는 아니다. 당연히 이후에도 수많은 작은 사고가 있었다. 가장 큰 위기는 발사 6일 만에 우리별과 통신이 끊어진 일이었다. 모든 시스템을 점검하여 위성의 송신기 문제라는 결론을 내렸다. 다른 송신기로 전환이 성공적으로 이루어지면서 상황은 해결되었는데, 겨우 엿새 만에 위성이 미아가 될 뻔한 위험한 일이었다. 그 뒤에도 위성에 탑재된 소프트웨어가 작동하지 않아서 새로 부팅을 하거나 수정한 소프트웨어를 올려 보내 재부팅을 하는 등 연구진은 크고 작은 문제들을 계속 처리하며 우리의 첫 번째 위성을 무사히 운용해나갔다.

우리별 1호의 성과는 연일 언론에 보도되었고, KBS에서는 일주일간 연구원들과 동행 취재를 했다. 심지어 한 여성지에서는 우리별 연구원 특집 인터뷰 기사를 실으면서 "좋은 신랑감"이라고 소개하기도 했다.

그러나 1992년 10월 월간지 〈길〉의 사회면에 "우리별 1호는 공보처가 쏘았다"라는 제목의 특집 기사가 실리고, 서울대학교 〈대학신문〉에 "우리별 발사에 드러난 과학기술의 과대 홍보를 보고"라는 기고문이 발표되면서 분위기는 금방 사그라들었다. 〈길〉에서는 우리별 1호 발사가 제6공화국 치적 중 하나로, 국민의 관심을 끌기 위해 공보처와 언론이 만들어낸 합작품일 뿐 "우리 기술"이 아니라는 논지를 과학기술 전문가의 말을 빌려 뒷받침했다. 〈대학신문〉에 실린 기고는 과학기술 허위 과대 홍보의 한 예로 우리별 1호를 들며 비판했다.

〈길〉의 기사는 우리별 1호 발사를 언론 플레이를 통해 확대 재생산해 정권 홍보에 이용하는 정부를 비판했고, 〈대학신문〉의 기고문은 과학기술에 대한 과대 홍보가 연구 풍토를 저급화하고 연구비 흐름을 왜곡할 수 있음을 지적했다. 이들의 주장에는 공통적으로 우리별 1호가 "우리 기술"이 아니라는 전제가 깔려 있었다. 두 기사가 나간 뒤 "우리별은 남의 별"이라는 비아냥거림을 당하기도 했다.

우리별 1호의 제작을 담당했던 카이스트 인공위성연구센터로서는 딱히 반박할 방법이 없었다. 영국에서 100퍼센트 외국 부품으로 제작되었고, 우리가 스스로 일구어낸 기술이 아닌 것은 사실이었기 때문이다. 하

태의경, 〈카이스트 인공위성연구센터의 소형위성 제작 기술 학습, 1989~1999〉, 2014년 2월(서울대학교 대학원 석사 학위 논문).

지만 인공위성을 한 번도 만들어보지 못한 나라에 국산 부품이 있을 리가 없다. 그리고 위성 제작을 배우기 위해서 유학 간 사람들이 그 기술을 익혀서 만든 것을 "우리 기술"이 아니라고 하는 데 대해서는 억울한 마음이 들지 않을 수 없었을 터다.

더구나 우리별 1호는 기본적으로 UoSAT-5와 동일한 설계를 바탕으로 했지만 적지 않은 변화가 있었다. 김성헌은 UoSAT-5에 탑재되었던 태양전지 시험 장치 대신에 우주 방사선 검출기를 새로 개발했고, 박강민은 이전에 시도된 적이 없었던 우리말 방송 장치를 만들었다. 이현우는 UoSAT-5에 실린 지평선 감시 센서를 대폭 설계 변경하여 개선했다.

우리별 1호는 UoSAT-5와는 활동하는 궤도도 달랐다. UoSAT-5는 약 780킬로미터 고도의 태양동기궤도로 발사되었다. 태양동기궤도는 지구의 북극과 남극을 통과하면서 궤도면이 태양과 항상 일정한 각을 유지한다. 이 위성이 지구에 있는 어떤 곳을 지나가게 되면 그 지점에 있는 사람에게 그때의 태양은 항상 같은 위치에 있는 것이다. 지구에서의 시각은 태양의 위치로 결정되기 때문에 태양이 같은 위치에 있다는 말은 같은 시각이라는 말이다. 즉, 태양동기궤도를 도는 인공위성은 지구의 특정한 위치를 항상 같은 시각에 통과한다. 위성의 입장에서는 지구를 매일 같은 시각에 관측하게 되는 것이다. 그래서 지구 전역을 관측하는 위성들은 일반적으로 태양동기궤도에 올라간다.

태양동기궤도는 인공위성을 설계하는 관점에서 매우 안정적인 열적 환경을 제공한다. 고도 780킬로미터에서는 약 100분 만에 지구를 한 바퀴

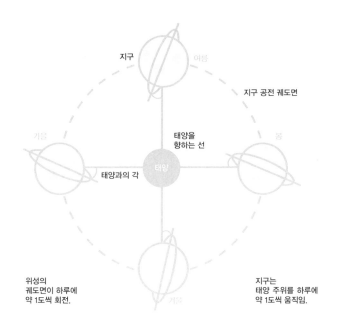

지구

여름

지구 공전 궤도면

태양을
향하는 선

태양과의 각

태양

가을

봄

위성의
궤도면이 하루에
약 1도씩 회전.

겨울

지구는
태양 주위를 하루에
약 1도씩 움직임.

▲ 태양동기궤도. 궤도면이 지구 공전과 같은 각속도로 회전해 태양과 궤도면이 항상 일정한 각도를 유지한다.

돌게 되는데, 태양 빛이 비치는 시간과 지구의 그늘로 들어가는 시간이 거의 일정하다. 그래서 태양 빛이 비칠 때는 위성이 뜨거워졌다가 지구 그늘에 들어갈 때는 차가워지는 동일한 패턴이 계속 유지된다.

그런데 우리별 1호는 고도 1300킬로미터의 원궤도이면서 궤도면이 적도면에 대해 66도의 경사각을 가지고 있다(20쪽 그림 참고). 소형위성인 우리별 1호는 대형위성인 TOPEX-POSEIDON과 함께 발사되었기 때문에 이 위성과 궤도가 같다. 그리고 TOPEX-POSEIDON은 해수면을 지속적으로 측정하는 것이 목적이어서 바다를 최대한 오래 관측할 수 있는 독특한 궤도를 가졌다.

우리별 1호의 궤도는 인공위성이 태양동기궤도처럼 전체 주기의 최대 3분의 1 기간 동안 지구 그림자에 가려지기도 하지만, 며칠 동안 계속 태양 빛을 받기도 하므로 열적 환경 측면에서는 최악의 상황이다. 그러니까 태양동기궤도보다 열을 훨씬 더 많이 받는 뜨거운 궤도인 것이다.

연구팀의 박성동은 UoSAT-5의 열 모형을 우리별 1호의 설계에 맞게 변경하고, 우리별 1호의 궤도 특성을 바탕으로 각 구성품이 적절한 온도 범위에서 동작할 수 있도록 외부 코팅과 내부 모듈 간의 전도 특성을 수정해야 했다. 지금은 인공위성을 위한 열 구조 해석 프로그램으로 비교적 쉽게 해결할 수 있지만, 당시는 모든 값을 수작업으로 계산하고 모형을 직접 프로그래밍해서 시뮬레이션을 해야 했다. 그런데 변수가 워낙 많아 저녁에 시뮬레이션을 돌려놓으면 아침에나 결과를 확인할 수 있었다. 그때는 연구실에서 사용하던 최고 성능의 컴퓨터가 80286이었던 시절이기 때문이다.

위성 기술이 사실상 아예 없는 나라에서 유학 가서 직접 배운 다음, 회로를 새로 디자인하고, 직접 납땜하고, 종합 시험과 환경시험을 직접 수행하고, 발사 직전의 테스트까지 직접 한 위성을 우리 것이라고 하지 않는다면 어떤 게 우리 위성일까?

최순달 교수는 전체 연구원 회의 자리에서 "시간이 지나면 진실이 밝혀질 것이다. 너희는 일만 열심히 해라. 싸우는 건 내가 할 테니"라며 연구원들의 분을 삭여주었다. 최 교수의 말대로 '그들의 코를 납작하게 만드는 건 우리별 2호를 성공하는 것'뿐이었다. 우리별 2호 개발은 이런 심정으로 시작되었다.

04

용기를 눌러 담은
우리별 2호

우리별 2호는 SSTL과 위성 개발을 위한 기술이전 계약을 할 때 이미 계획되어 있었다. 우리별 1호는 한국에 한 번도 들어온 적 없이 영국에서 곧바로 발사장으로 이동했다. 아마 이것이 '우리별은 남의 별'이라는 비아냥을 듣게 된 가장 큰 이유일 터다. 어떤 국회의원은 '우리별 1호에 국산 부품이 하나도 들어가지 않았는데 그렇다면 외국 위성 아니야?'라는 말까지 했다.

SSTL과의 계약에는 우리별 2호에 필요한 부품 공급도 포함되어 있었기 때문에, 우리별 1호 개발 말미에 우리별 2호 제작을 위한 부품을 준비해서 미리 한국으로 보냈다. 우리별 2호의 발사는 1993년 9월로 예정되어, 개발 기간은 1년도 채 남지 않았다. 그래서 우리별 1호와 동일하게 만드는 것이 원래 계획이었다. 빠른 시간 안에 외국의 도움 없이 한국 연구팀만으로 똑같은 위성을 제작할 수 있는지 확인하는 일이 애초의 목표였기 때문이었다. 하지만 당시 상황은 이 계획을 그대로 진행할 수 있게 흘러가지 않았다. 최순달 교수는 우리별 2호를 개발하는 데 세 가지 원칙을 세웠다.

우리별 1호 운용 과정에서 발견된 문제점을 보완할 것.

가능한 한 국산 부품을 사용할 것.

국내에서 개발된 장치를 최대한 사용할 것.

이 원칙을 따르기 위해서는 우리별 2호의 설계를 바꿀 수밖에 없었다. 1년도 안 되는 짧은 개발 기간을 고려하면 지나친 설계 변경은 위험할 수 있지만, 우리별 1호에 대한 비판을 극복하고 연구원들의 실력을 증명하기 위해서는 다른 방법이 없었다.

인공위성에 탑재 가능한 국산 부품을 찾아내는 일은 쉽지 않았다. 우주는 태양 빛을 받을 때와 받지 않을 때의 온도 차이가 아주 크기 때문에 짧은 시간에 발생하는 극심한 온도 변화를 견딜 수 있는 부품이어야 한다. 그리고 지상에서는 지구 대기와 자기장이 우주 방사선을 막아주지만, 우주에 있는 인공위성은 강력한 우주 방사선에 그대로 노출되기 때문에 특히 전자 부품의 경우는 지상에서 사용하는 것 대부분을 쓸 수 없다.

기계 구조 부품은 영국에서 미리 준비해온 원자재를 이용해 국내에서 가공하기로 했다. 하지만 전자 부품은 위성에 사용할 만한 국내 제품이 많지 않았다. 그래서 어느 정도 신뢰도가 입증된 몇 가지 부품을 선택해서 제조사들을 찾아가 배경을 설명하고 협조를 구하는 방식으로 진행했다. 결과적으로 부품 수량 기준 약 10퍼센트가 국산으로 대체되었다. 그리고 다행히도 그 부품들은 우주에서도 잘 동작했다. 인공위성연구센터는 우리별 2호가 발사된 이후 회사 대표들을 초대해서 감사패를 전달했다. 그들의 도움이 아니었다면 '우리별 2호도 남의 별'이 될 뻔했다.

우리별 1호가 영국에서 제작되는 동안 카이스트에서는 한국과학재단의 우수연구센터 사업 지원을 받아 다양한 기술 개발이 시도되었다. 그중 완성도가 높다고 판단된 것들은 과감하게 탑재하기로 결정했다. 박규호 교수 실험실에서 개발한 컴퓨터 KASCOM(KAIST Satellite Computer)과 운영 체계(StarKeeper), 민경욱 교수 실험실에서 개발한 저에너지전자검출기 LEED(Low Energy Electron Detector), 김충기 교수 실험실에서 개발한 적외선 실험 장비 IREX(IR Experiment) 등이 추가로 실리거나 기존 탑재체를 대신했다. 그리고 삼성전자에서 개발한 컬러 CCD 소자를 이용하여 카메라 설계를 변경했다.

우리별 2호 개발을 진행하면서 아무런 도움 요청이 없자 SSTL의 대표였던 서리대학 마틴 스위팅 교수는 '한국 유학생들만으로 우리별 2호를 개발하는 것은 지나치게 용감한 일이다'라는 내용의 팩스를 수차례 보냈다. 최순달 교수는 "너희들끼리 할 수 있는 거 맞냐?" 하고 물었고, 연구원들은 "안 되면 다시 도버해협으로 돌아가 빠져 죽어야지요"라고 호기롭게 대답했다.

우리별 2호의 제작은 카이스트에서 이루어졌고, 환경시험은 표준연구소, 항공우주연구소, 국방과학연구소 시설을 이용하여 수행되었다. 우리별 1호가 영국에서 개발되는 동안 카이스트 내에 구성된 예비 팀이 준비를 잘해놓았기 때문에 순조롭게 진행될 수 있었다.

우리별 2호는 1호와 마찬가지로 아리안 4 로켓을 이용하여 1993년 9월 26일에 쿠루 우주기지에서 프랑스의 지구관측위성인 SPOT-3와 함께 약 820킬로미터 고도의 태양동기궤도에 발사되었다. 원래 일정은 9월 25일이었는데, 당일 세 차례 연기되었다가 하루 뒤에 발사된 것이다. 연기 이유는 날씨 때문이었다.

인공위성의 발사에는 기상 조건이 가장 중요하다. 발사장에 따라 차이가 있지만 보통 바람의 속도나 가시거리, 구름 상태, 번개가 칠 가능성을 검토하여 일정을 정한다. 발사일이 결정되면 보통 이후로 며칠간 발사 가능 시간을 같이 발표하는데, 이것을 발사창문(launch window)이라고 한다. 발사창문은 탑재된 위성이 목표 궤도에 도달하기 위해 발사가 실행되어야 하는 시간을 의미하는데, 의도된 궤도의 특성에 따라 아무 때나 가능할 수도 있지만 아주 제한된 시각만 허용되기도 한다.

우리별 2호도 첫 교신에는 성공하지 못했다. 대체로 처음에는 위성이 낮은 경사각으로 지나가고 자세가 불안정하기 때문에 첫 번째 교신이 이루어지지 않는 경우가 종종 있다. 두 번째 지나갈 때는 관제 지상국이 신호를 받지 못했지만 예비로 준비해둔 이동형 지상국에서 받았다. 아직 궤도 정보가 정확하지 않았기에, 감도는 낮아도 넓은 범위를 감시할 수 있는 안테나를 사용한 이동형 지상국이 더 유리했다. 이후 관제 지상국에서도 신호를 받았고 원격 명령 역시 정상적으로 동작하는 것이 확인되었다.

05

인공위성연구센터의
위기

우리별 2호가 성공적으로 발사된 지 약 한 달 뒤인 1993년 10월 28일, 〈경향신문〉에 다음과 같은 기사가 실렸다.

항공우주연 경쟁적 위성 개발 과학계 비난

국감서 예산 낭비 지적

과기처 산하 일부 연구소가 연구보다는 주도권을 차지하기 위한 '잿밥' 다툼을 벌이고 있는데도 감독관청인 과기처가 이를 조정할 움직임마저 보이지 않아 과학계의 비난이 고조.

과학위성 우리별 1, 2호를 발사해 위성 기술을 축적해온 인공위성연구센터가 중국과 제휴, 다목적 중형위성을 개발키로 했는데도 관련 기술 개발이 뒤

진 항공우주연구소가 뒤늦게 경쟁적으로 중국과 기술협력을 추진하는가 하면 똑같은 중형위성 개발에 나서 항공 산업의 주도권을 차지하기 위한 것이 아니냐고 과학계는 비판.

더구나 인공위성연구센터가 약 200억 원의 개발비만 들이면 제작할 수 있다고 보고한 데 반해 항우연은 8배가 넘는 1800억 원이 소요된다고 계산, 최근 국정감사에서도 예산 낭비라는 지적을 받기도.

문제의 시작은 카이스트 인공위성연구센터가 우리별 2호 후속 위성으로 300킬로그램 규모의 자원탐사위성 개발을 중국 공간기술연구원(Chinese Academy of Space Technology, CAST)과 논의하면서였다. 우리별 1, 2호는 50킬로그램이 되지 않는 소형위성이지만, 300킬로그램이면 중형위성에 해당한다.

1992년 8월에 우리나라는 중국과 정식으로 수교했고, 1993년 대전에서 개최된 엑스포에 중국이 참석해 양국 간 공동 위성 개발을 의논했다. 최순달 교수는 대전 엑스포 조직 위원장이었던 오명으로부터 '한중 수교가 조만간 이루어질 것 같으니 미리 중국에 가서 우주 분야 협력에 대해 논의해보는 것이 좋겠다'는 제안을 받았다. 그리고 이미 수차례 중국을 방문하여 상의하고 있었다.

당시 중국과 공동 개발하려던 위성은 총 개발비 180억 원으로, 중국에서 40억 원을 투자하는 것으로 계획되었다. 이제 막 수교를 맺은 중국과 새롭게 시작하는 사업이었기 때문에 대우중공업과 삼성전자 같은 기업도 관심을 보였다. 이에 따라 인공위성연구센터는 기업의 투자와 체신부의 지원금을 합쳐 위성 2기를 제작하는 방안까지 고려하고 있었다.

1993년 6월 말, 중국 항천공업총공사(China Aerospace Science and Technology Corporation, CASC)와 공간기술연구원에서 방한하여 항공우주연구소, 인공위성연구센터, 대우중공업과 자원탐사위성 및 수신 처리 기술 등의 분야에 대한 공동 연구를 협의했다. 그런데 과학기술처는 중국과의 우주 기술 협력을 위한 창구를 항공우주연구소로 단일화하도록 결정하고, 중국 측이 제안한 자원탐사위성 공동 개발에 대한 전략을 마련하라고 항공우주연구소에 지시했다.

과학기술처와 항공우주연구소는 우리별 1, 2호를 개발하는 과정에서 양성된 인력을 항공우주연구소로 보내 다목적 실용위성 프로젝트에 참여하게 하라고 인공위성연구센터에 요구했다. 하지만 이제 첫발을 뗀 인공위성연구센터는 아직 제대로 된 독자적인 위성 개발을 해보기도 전에 사람을 내보내라는 요구에 응할 수 없었다. 결국 1993년 10월에 있었던 과학기술처 국정감사 때 이 문제가 불거져 나왔고, 앞서 살펴보았듯 〈경향신문〉에서 기사로 다루었다.

정부 입장에서는 역량을 한곳에 집중시키는 것이 효율적이라 판단했다고 볼 수 있겠지만, 인공위성연구센터 입장에서는 사실상 센터를 없애라는 요구나 마찬가지였으니 쉽게 받아들일 수 없었다. 그리고 당시로서는 항공우주연구소가 위성 개발 기술이 뒤져 있는 건 사실이었으니, 주도권을 빼앗기지 않기 위한 발목 잡기로 보일 수밖에 없었다. 결국 인공위성연구센터 연구원들을 항공우주연구소로 보내는 것은 없던 일이 되었지만, 중국과의 공동 위성 개발은 불가능하게 되었다. 체신부에서 지원하기로 했던 연구비 또한 받기 힘든 상황이 되고 말았다.

이 문제는 해를 넘겨서도 해결되지 않았다. 1994년 4월 과학기술처, 항공우주연구소, 인공위성연구센터가 타협을 위해 모인 자리에서 항공우주연구소 측이 인사말로 '우리별 위성 개발로 양성된 인력이 항공우주연구소로 올 수 있으면 좋겠다'고 했고, 그 순간 최순달 교수는 책상을 주먹으로 내려치며 '말도 안 되는 소리 하지 마시오' 하고 화를 내기까지 했다. 타협은 이루어지지 않았다. 인공위성연구센터는 한국과학재단으로부터 받은 기본적인 연구비로 종이 위에서나 가능한 우리별 3호의 임무 해석과 형상 설계만을 진행할 수밖에 없었다.

그러던 중 1994년 말, 과학기술처 장관이 카이스트의 위성 개발에 호의적인 생각을 가진 정근모로 바뀌면서 상황이 달라졌다. 정근모 장관은 최순달 교수와 사돈 관계이며, 카이스트 부원장을 역임하기도 했다. 과학기술처가 우리별 3호 개발에 예산 지원을 하기로 입장을 변경했고 체신부의 지원 문제도 자연스럽게 해결되었다. 항공우주연구소가 개발하는 다목적 실용위성인 아리랑 위성과 우리별 위성은 별개의 독립 프로그램으로 진행되면서 인공위성연구센터는 우리별 3호 개발을 시작할 수 있게 되었다.

06

대기업과
인공위성

1990년대 초반, 우주개발에 특히 관심을 가졌던 국내 기업은 삼성이었다. 삼성항공은 항공우주연구소가 만드는 다목적 실용위성 아리랑 1호의 해양관측용 저해상도 카메라 개발에 1원으로 입찰하여 사업을 수주했다. 삼성은 이후 아리랑 2호 사업에도 관심을 가졌으나 1997년 외환 위기를 겪으며 삼성항공이 대우중공업, 현대우주항공과 함께 한국항공우주산업으로 합병되면서 사실상 우주 사업에서 손을 떼게 되었다.

삼성은 우주개발에 참여할 인력을 선발하여 1994년 1월, 5주간 록히드로 위성 시스템 엔지니어링 교육을 보낸 적이 있다. 이때 원래 예정했던 인원을 다 채우지 못해 인공위성연구센터의 김성헌, 박성동, 이현우, 장

록히드(Lockheed Missiles and Space Company)는 1995년 마틴 마리에타(Martin-Marietta)와 합병하여 록히드 마틴(Lockheed Martin Missiles and Space)이 되었다.

현석도 참여시켰다.

세계 최고 수준의 항공 우주 기업인 록히드에서 제공한 시스템 엔지니어를 위한 5주 교육은 인공위성연구센터 연구원들에게 뜻밖의 좋은 기회였다. 서리대학에서 배운 것만으로는 부족했던 체계적인 위성 개발의 전체 흐름을 이해할 수 있었기 때문이었다. 우리별 3호 개발을 시작하는 이들에게는 정말로 요긴한 내용이 많았다.

이 5주 동안 연구원들은 하숙집에서도 내내 대화를 이어갔다. 교육 내용에 대한 이해를 교환하고 어떻게 하면 우리별 3호 개발에 효과적으로 적용할 수 있을까에 대해서였다. 이들을 지도한 록히드 직원도 처음에는 질문이나 자료 요청에 대해 규정을 검토한 뒤 답하거나 자료를 주었지만 이후에는 그냥 슬그머니 궁금증을 해소해주기도 했다.

귀국하고 나서 연구원들은 교육 내용을 인공위성연구센터의 실정에 맞게 수정하여 자료로 만들었다. 이것은 인공위성연구센터가 싱가포르와 멕시코 연구원들을 가르칠 때 사용되었고, 쎄트렉아이 설립 이후 최초 계약인 싱가포르 난양공과대학에 교육 프로그램을 제공하는 데 활용되었다. 지금도 이 내용은 회사의 신입 직원이나 외부 교육에 사용하는 자료의 근간을 이루고 있다.

록히드에서 제공한 5주 프로그램은 우리별 3호의 개발부터 회사 설립 이후까지 큰 도움이 되었던 좋은 기회였는데, 아쉽게도 당시 함께 참여한 삼성 측 인원 대부분은 더 이상 우주 분야에 종사하고 있지 않다.

1994년 초에 현대전자는 데이콤(현 LG유플러스)과 컨소시엄을 구성하여 저궤도위성군을 이용한 이동통신 서비스 중 하나인 글로벌스타(Globalstar) 사업에 참여하기로 결정했다. 당시 현대전자 대표이사였던 정몽헌은 산학 협력을 희망하며 카이스트 인공위성연구센터를 방문했다. 인공위성연구센터는 이미 대우중공업과 우리별 3호 개발에 협력하기로 한 상태였지만 현대전자에서는 개의치 않았다.

정몽헌은 카이스트에 인공위성연구센터 연구동을 기증하기로 약속하고, 1994년 8월 약정식을 체결했다. 일은 일사천리로 진행되어 곧바로 현대건설 설계팀이 카이스트를 방문하여 연구동 설계를 위한 요구 사항을 협의했고, 12월에 착공식을 했다. 현대전자는 위성 제작을 위한 실험실, 조립 시험용 청정실, 지상국 등을 갖춘 연면적 3000제곱미터 규모의 연구동 일부를 10년간 사용하기로 합의했고, 인공위성연구센터의 위성 개발에 10여 명의 연구원을 파견하여 실무 경험을 쌓게 하기로 했다.

1995년 9월 현대전자와 현대종합상사, 데이콤이 글로벌스타 사업에 참여한다는 공식 발표가 있었다. 이 사업은 미국 글로벌스타사가 추진했으며 미국, 독일, 프랑스, 이탈리아의 기업들이 참여하여 1400킬로미터의 저궤도에 인공위성 48기를 띄워 1998년부터 음성, 데이터 등 이동통신 서비스를 제공하는 것이다. 당시 모토로라를 중심으로 한 이리듐 사업과 함께 대표적인 저궤도위성 이동통신 사업이었다.

현대전자 컨소시엄은 이미 1992년 4월에 글로벌스타와 양해 각서에 서명한 후 1993년 3월, 3000만 달러에 달하는 지분 참여 계약을 체결했다. 그리고 남북한과 태국, 파키스탄, 인도, 뉴질랜드에 대한 독점사업권과 중국 등 아시아 13개국에 대한 선택적 독점사업권을 따냈다.

더 나아가 현대전자는 1996년 1월에 미국 스페이스 시스템 로럴(Space Systems Loral), 이탈리아 알레니아 스파지오(Alenia Spazio)와 위성체 사업 협력 계약을 맺었다. 1997년부터 2005년까지 5억 달러 상당의 인공위성 26기를 제작해 위성통신 사업 주관 회사인 스페이스 시스템 로럴에 납품하는 내용이었다. 현대전자는 약 6퍼센트의 지분으로 글로벌스타 프로젝트에 참여한 이래, 주로 인공위성용 부품을 납품하다 이번에는 위성체의 조립, 제작, 시험 기술을 도입해 위성 제작에 직접 나선 것이었다.

현대전자는 2005년까지 총 26기의 인공위성을 제작, 공급할 뿐만 아니라 2000년 즈음에는 한국을 비롯해 아시아 태평양 지역의 수요가 크게 늘 것으로 예상되는 정지궤도용 대형 인공위성 사업에도 참여하기로 하고 1억 5000만 달러를 투자하기로 했다. 이를 위해 현대전자 위성 사업단 소속 기술자 40명을 미국과 이탈리아 등에 파견하여 위성체 관련 시스템 엔지니어링과 조립, 제작, 시험 기술 등을 배워 올 계획이었다.

미국과 이탈리아에 보낸 인원과 별개로 비슷한 시기, 현대전자는 총 9명을 카이스트 인공위성연구센터로 파견하여 우리별 3호 개발에 참여시켰다. 이들은 시스템 엔지니어링, 기계, 전자 등 다양한 분야에 고르게 배치되었다. 외국으로 파견 나간 연구원들은 국내에서 교육받은 이들이 수준 낮은 기술을 배운다고 주장했지만, 실제 교육 이후에는 인공위성연구센터로 간 사람들이 오히려 더 많은 것을 배웠다고 인정했다. 인공위성 제작 기술을 외국에서 배우는 것이 그렇게 쉬운 일은 아니기 때문이다.

약 1년간의 공사 끝에 인공위성연구센터 연구동 건축이 마무리되고 연구원들은 1996년 12월 마지막 주에 새로운 사무실로 입주했다. 준공식은 1997년 3월에 과학기술처 장관이 참석하여 개최되었고, 그해 4월 21일 과학의 날에는 김영삼 대통령이 인공위성연구센터를 방문했다.

현대전자는 1997년 10월 인공위성 조립 공장을 비롯한 새로운 반도체 단지를 대전과학산업단지(현 테크노밸리)에 건설하겠다는 계획을 발표했고, 11월에는 인공위성 조립 공장을 착공할 예정이었다. 하지만 1997년 말 외환 위기로 인해 계획은 진행되지 못했다. 현대전자는 1998년 3월 글로벌스타 사업 포기를 공식적으로 선언했고, 현금 확보를 위해 보유했던 글로벌스타 주식도 매각했다. 1995년에 글로벌스타가 나스닥에 상장되어 재무적으로는 약 10배의 투자 이익을 얻었지만 인공위성 사업은 더 이상 이어갈 수 없게 되었다.

지분 매각과 무관하게 현대전자는 1998년 10월까지 4000만 달러 규모의 위성 부품을 공급하기로 했던 계약을 원래 계획대로 추진했다. 이 과정에서 인공위성연구센터에 파견 나와 있던 현대전자 연구원들은 다른 부서로 전출되었다가 모두 퇴직했고, 일부는 복귀하자마자 명예퇴직을 하게 되었다. 이때 선종호(현 경희대학교 교수)와 정연황(현 쎄트렉아이 연구 위원)이 인공위성연구센터에 입사하고 이후 쎄트렉아이에까지 합류했다. 1998년 8월 현대전자 임직원 80여 명이 별도의 독립 법인인 KoSPACE를 설립하여 위성 사업은 그나마 한동안 명맥을 유지했지만, 이 회사는 2005년 LS전선에 인수되었다가 2015년에 청산되었다. 삼성과 현대 같은 대기업의 우주산업 진출 시도는 1997년 외환 위기가 아니었다면 분명히 지금과는 완전히 다른 생태계를 조성했을지 모른다. 정말 아쉬운 일이다.

현대 정몽헌 회장이 세상을 떠나고 5년 후인 2008년 8월, 카이스트는 우주 분야 연구에 크게 공헌한 정몽헌 회장과 최순달 교수의 업적을 기리기 위해 1997년에 건립된 인공위성연구센터 연구동에서 '정몽헌우리별연구동' 및 '최순달 세미나실' 명명식을 개최했다. 이 행사에는 정 회장의 부인 현정은 현대그룹 회장과 당시 대덕대학교 총장을 맡고 있던 최순달 교수 등이 참석했다.

07

우리 고유의 위성,
우리별 3호

1992년 8월에 발사된 우리별 1호가 우리나라 최초의 인공위성인 것은 분명하지만 영국에서 제작되어 '우리별은 남의 별'이라는 핀잔까지 들어야 했다. 또한 우리별 2호는 개발 전 과정을 우리 손으로, 최대한 국산 부품과 탑재 장치를 이용해 설계 변경하여 국내에서 제작되기는 했지만 여전히 영국 서리대학의 UoSAT-5 위성 설계에 기초한 것이었다.

그래서 우리별 3호는 1990년 중반까지 상용 지구관측위성에 적용되던 기술 가운데 장차 우리가 확보해야만 하는 사항을 조사하여 반영하고, 위성의 형상부터 내부 설계까지 모두 우리의 것으로 진행할 계획이었다. 하지만 그 시작은 그다지 환영받지 못한 상태에서 조용하게 이뤄졌다.

중국과의 자원탐사위성 공동 개발이 수포로 돌아가고, 항공우주연구소와 통합 논의로 인공위성연구센터의 모든 구성원은 풀이 죽은 상황이었다. 기껏 할 수 있는 일이라고는 한국과학재단으로부터 지원되는 최소한의 연구비로, 종이에 펜으로 위성을 그리는 수준이었다. 다행히 1994년 12월 정근모 장관의 과학기술처 부임 이후 과기처, 정보통신부 의 연구비 지원이 결정되면서 우리별 3호 개발은 본격적으로 시작되었다.

우리별 3호는 1994년 4월부터 한국과학재단의 연구비를 바탕으로 자체 연구 개발로 시작했다가 1995년 1월 정보통신부, 1995년 10월 과학기술처로부터 지원을 받으면서 실제 우주에 발사하는 것을 목표로 임무를 변경하게 되었다. 우리별 3호의 개발에는 카이스트 인공위성연구센터 외에도 항공우주연구소(환경시험), 원자력연구소(내방사선 시험), 표준연구원(부품 및 재료에 대한 물성 시험), **한라중공업**(기계 구조물 제작), SM 정밀(기계 구조물 제작), **싸니전기**(주파수 발생기용 부품 무상 제공), **쌍신전기**(주파수 공진기용 부품 무상 제공), **청주전자**(인쇄 회로 기판 제작), **삼성전자**(반도체소자 및 패키징 무상 제공) 등이 참여했다.

그리고 현대전자에서는 인공위성연구센터에 연구동을 기증하면서 9명의 연구원을 보내 1996년 1월부터 2년간 개발에 동참했다. 대우중공업은 1995년 6월 우리별 3호 개발에 50억 원을 투자하겠다는 의사를 밝혔으나 이후 대우그룹 사정이 나빠지면서 철회했다.

우리별 1, 2호와 우리별 3호의 가장 큰 차이점은 인공위성의 자세제어 방식이다. 우리별 1, 2호가 쓴 방식은 6미터가량의 막대 끝에 약 1킬로그

체신부는 1994년 12월 23일에 정보통신부로 개편되었고, 2008년 2월 28일 과학기술정보통신부로 통합되었다.

램의 무게 추(tip mass)를 달아 위성과 막대가 연결되는 선이 지구의 중심을 가리키도록 하는 중력경사방식(gravity gradient)이었다. 우리별 1호에 길게 뽑혀 있는 막대가 바로 자세제어를 위한 것이다. 이 막대는 위성이 궤도에 올라간 후에 지상으로부터의 명령으로 전개된다. 중력경사방식은 오직 중력에만 의존하기 때문에 정밀한 자세제어는 사실상 불가능한 매우 초보적인 방법이다.

우리별 3호는 3개의 리액션 휠(reaction wheel)을 이용하여 자유자재로 조절 가능한 3축 자세제어방식을 사용했다. 3축 자세제어방식은 여러 센서를 이용하여 우주 공간에서 방향을 잡은 후 바퀴처럼 돌아가는 리액션 휠로 작용 반작용의 법칙에 따라 위성을 원하는 곳으로 향하게 한다. 대부분의 위성이 이 방식을 사용하고 있다. 우리별 3호는 이를 위해 태양센서, 지자기측정기, 지구감지센서, 별센서, 자이로를 탑재했고 리액션 휠과 자이로를 제외하고는 모두 자체적으로 개발했다.

주 탑재 장비로는 해상도 15미터의 선형 다분광 카메라가 있는데, 광학계는 남아프리카공화국 스텔렌보스대학과 공동 개발하고 카메라 제어부를 비롯해 대용량기억장치 등 전자부는 인공위성연구센터가 독자 개발했다. 카메라가 촬영한 영상을 높은 주파수인 X대역으로 고속 전송하기 위한 송신기와 안테나도 자체 제작했다.

통신에 이용하는 전파는 주파수가 높을수록(파장이 짧을수록) 통신 속도가 빠르다. 'X대역'은 저궤도위성과 정지궤도위성에서 활용할 수 있도록 할당된 것으로, 주파수는 8~12기가헤르츠이며 와이파이의 2~5기가헤르

츠보다 더 높은 대역이다. S대역은 위성 관제용으로 쓰이고, 2~4기가헤르츠 주파수가 주로 사용된다.

전력 공급을 위하여 2개의 태양전지판이 발사 이후에 전개되었고, 카메라를 사용하지 않을 때는 태양전지판이 전력 생성을 최대화할 수 있는 방향으로 자세를 제어했다. 그 밖에 우리별 2호 때 개발된 KASCOM을 주 컴퓨터로 채용하고, 비행 소프트웨어도 모두 자체 개발했으며 위성용 GPS 수신기, S대역 수신기 등 주요 구성품을 모두 독자적으로 설계했다. 지구 관측용 탑재체 외에도 우주과학 실험 목적으로 고에너지입자검출기 등이 제작되었는데 이때 만들어진 우주과학 탑재체는 아리랑 1호 위성에도 유사한 형태로 개발되어 실렸다.

우리별 3호에는 록히드에서 배워 온 시스템 엔지니어링 기법을 최초로 적용했으며 개발 단계별로 체계적인 설계 점검 회의를 했다. 1995년 11월에 개최된 초기 회의는 외부인에게도 개방했는데 당시 항공우주연구소, 삼성항공, 대우중공업, 현대전자, 전파연구원 그리고 다수의 대학에서 많은 사람들이 참여하여 생산적인 의견 교환과 토론이 진행되었다. 하지만 개발은 생각보다 더디게 진행되었고 수많은 시행착오를 거쳤다. 우리나라의 연구원들은 개발 업무 외에도 해야 하는 일이 너무 많았다. 특히 보직을 맡은 연구원은 각종 보고서나 언론 대응으로 본연의 일에 집중하기 힘들었다. 박성동과 김성헌은 실무에 전념하기 위해 실장 보직에서 스스로 물러나기도 했다.

우리별 3호 발사를 위해서 처음에는 러시아 발사체를 수배하다가 적절한 것을 찾지 못해 중국 등을 접촉하던 도중, 인도가 1997년 말부터 외국 위성에 발사 기회를 제공한다는 사실을 파악했다. 방문하여 협상한 결과, 1998년 중순 인도 PSLV(Polar Satellite Launch Vehicle)를 이용하기로 계약을 체결했다. 인도 입장에서는 우리가 최초의 외국 고객이었기 때문에, 발사 계약 업무를 담당했던 박성동은 이 점을 강조하여 '같은 값이면 우리가 인도 발사체를 사용해야 할 이유가 없지 않느냐' 하고 주장해 매우 좋은 조건으로 성사시킬 수 있었다.

1997년 9월의 인도 PSLV 발사 때 4단 로켓에서 문제가 발생해 당초 예정된 820킬로미터의 원궤도에 이르지 못하고 820킬로미터×320킬로미터의 타원궤도로 위성을 올려놓게 되었다. 이 때문에 우리별 3호의 발사 일정이 1999년 5월로 지연되었는데, 오히려 우리별 3호의 완성도를 높이는 기회가 되었다. 그렇지만 이런 문제가 다시 생길 경우에 대한 대비 역시 필요해졌다. 과학기술처는 인공위성연구센터에 재발 방지책과 만일의 상황을 위한 보험 마련을 지시했다.

다행히 우리별 3호 발사 계약을 협상하며 실패 시 후속 발사를 무상으로 해줄 것을 요구했고 이 조건이 계약서에 포함되어 있었다. 하지만 위성을 다시 제작하는 것은 사실상 불가능했기 때문에 이미 만들어져 있는 인증모델에 태양전지판만 추가로 구매해서 장착하는 데 필요한 예산인 5억 원에 대해서만 보험 가입을 하는 방향으로 마무리되었다.

인증모델은 새롭게 개발되는 인공위성이 이전 것에 비해 설계 변경이 많은 경우 엔지니어링모델과 비행모델 사이에 제작된다. 극단적인 상황을 고려하여 실제 우주보다 더 가혹한 환경에서 시험이 이뤄지기 때문에 기기들이 손상을 많이 입었을 가능성이 있다. 따라서 인증모델 자체를 발사하는 경우는 매우 드물다. 현실적으로 다른 대안이 없었고 과학기술처는 여전히 불안한 상태였을 것이다. 과학기술처 담당 과장은 "그래도 만약 실패하면 어떻게 할 거냐?"고 물었고, 박성동은 "제가 책임지겠습니다"라고 답했다. "어떻게?"라는 질문에는 "제가 대청댐에 가서 빠져 죽지요"라고 말했다.

우리별 3호를 개발하는 동안 인공위성연구센터의 정식 조직화에 대한 논의도 진행되었다. 본격적으로는 1997년 4월 21일 과학의 날에 김영삼 대통령이 인공위성연구센터를 방문했을 때 이루어졌다. 김영삼 대통령은 계약직 신분이던 연구원들의 어려움을 듣고 그 자리에서 보좌관에게 해결 방안을 검토해보라고 지시했다. 우리별 2호 개발 직후 인공위성연구센터가 항공우주연구소에 흡수될 위기를 경험했던 터라 최순달 교수는 곧바로 과학기술처와 협의를 마치고 과학기술원 이사회에 인공위성연구센터를 원장 직속 독립 연구소로 만드는 안건을 정식으로 상정하기로 했다. 하지만 1997년 말에 닥친 외환 위기는 모든 계획을 백지화시켜버렸다.

1999년 4월 29일 우리별 3호는 무진동 차량으로 김포공항 화물청사에 간 뒤 비행기로 싱가포르를 경유, 인도 마드라스로 이동했다. 예산이 많지 않았던 인공위성연구센터에서는 단 5명으로 팀을 구성하여 발사장으로 파견했다. 발사 현장 참관에는 최순달 교수 그리고 인도대사관, 항공우주연구소, 과학기술처에서 온 극소수의 인원만 참석했고, 동행한 기자는 1명뿐이었다.

우리별 3호는 인도의 IRS-P4라는 해양관측위성, 독일 베를린공과대학에서 개발한 위성과 함께 1999년 5월 26일 고도 730킬로미터의 태양동기궤도로 발사되었다. 인공위성연구센터 시청각실에는 각종 언론사와 연구원들이 모여 있었지만, 인도는 외국 위성을 쏘아 올린 적이 없었기 때문에 발사 장면을 외국으로 방송한 경험이 없었다. 보통은 위성을 개발한 기관에서 발사 장면을 실시간 송출하는 비용을 부담하고 기자들의 현지 취재를 지원하는 게 관행이었는데, 인공위성연구센터에는 그럴 만한 예산이 없었기 때문에 기자 1명을 보내는 것으로 대신했다.

유튜브로 발사 장면이 생중계되던 시절도 아니었고, 현지 연구원과 연락도 발사가 모두 종료된 이후에나 가능한 상황이었다. 박성동은 형이 다니는 회사의 인도 지사 연락처를 물어 다짜고짜 전화를 걸었다. 전화를 받은 현지인에게 지사장을 바꿔달라고 했고, 사정을 이야기한 다음 TV를 켜달라고 했다. 우리나라까지 발사 장면이 중계되지는 않겠지만 한 해에 한 번밖에 없는 인공위성 발사라면 현지에서 방송할 거라고 생각했기 때문이었다.

지사장은 국영 채널을 보니 인공위성 발사를 준비하는 것 같다고 했다. 발사 후 어떤 단계가 이어지는지는 예정되어 있었기 때문에 일정표를 옆에 두고 각 단계별로 TV 화면에 비치는 사람들의 반응을 말해달라고 부탁했다. 발사 1분 8초 4개의 보조 로켓 분리, 1분 30초 나머지 2개의 보조 로켓 분리, 1분 55초 1단 로켓 분리, 2분 40초 페어링 분리, 4분 42초 2단 로

켓 분리, 8분 22초 3단 로켓 분리, 17분 11초 인도 위성 분리, 18분 2초 우리
별 3호 분리···. 한국 사람인 것 같은데 박수 치는 장면이 보인다고 했다.

우리별 3호의 초기 운용은 상대적으로 무난하게 진행되었다. 워낙 오
랫동안 연습했고 운용팀의 팀워크도 매우 좋았다. 우리별 3호는 발사 나
흘 뒤 자세 안정화를 마치고 곧바로 영상 촬영에 들어갔는데, 지상국 부품
들이 말썽을 부려 카메라로 촬영된 영상 신호가 내려오다 말다를 반복했
다. 문제가 있는 부품을 급히 주문하고, 영상을 두 번씩 내려서 짜깁기해
첫 영상을 만들었다. 부품을 교체하고 나서 2주 동안 영상을 95회 촬영해
인공위성연구센터 홈페이지를 통해 공개했다.

우리별 3호가 발사된 이후 인공위성연구센터는 매번 위성과의 교신이
끝날 때마다 곧바로 홈페이지에 운용 현황을 알렸으며 촬영된 세계 곳곳
의 영상도 올렸다. 소프트웨어 문제로 위성이 작동을 멈춘 일도 있는 그대
로 게시했다. 문제가 발생한 것은 어떤 상황이었고, 분석해보니 어떤 문제
였고, 그래서 무엇을 수정했고, 지금은 어떤 상태라는 점을. 대학에 속한
연구 집단이 할 수 있는, 그리고 해야 하는 방향이라고 생각했다.

1999년 7월 비엔나에서 개최된 UNISPACE-III라는 행사에서 처음으
로 우리별 3호의 결과를 대외적으로 소개하게 되었다. 당시 주오스트리
아 대사였던 반기문 대사가 요청하여 참가했는데, 인공위성연구센터는
우리별 3호를 이용하여 미국 버지니아주 롱비치섬을 스트립 으로 촬영한

걸개 사진과 우리별 3호 모형을 함께 전시했다. 100킬로그램 남짓한 소형 위성으로, 프랑스가 계속 운용하던 SPOT 위성 수준의 해상도를 스트립 영상으로 촬영했다는 점에서 참가자들의 반응은 폭발적이었다.

그리고 2000년 1월 1일, 새 천 년을 맞은 첫날 저녁 KBS 9시 뉴스에서 우리별 3호가 촬영한 북한 지역 영상이 소개되었다.

김종진 앵커: 북한의 새 천 년 맞이 표정은 어땠는지 궁금합니다. 오늘의 모습은 알 수 없었지만 최근 우리별 위성이 촬영한 북한 지역의 위성사진이 최초로 공개됐습니다. KBS가 단독 입수한 북녘땅의 우리별 위성 사진을 홍사훈 기자가 소개합니다.

홍사훈 기자: 영종도 상공을 출발한 우리별 위성이 처음 도착한 북녘땅은 개성입니다. 황량한 개성시 중앙에 가장 크게 보이는 건물이 높이 20미터짜리 김일성 동상입니다. 눈 덮인 송악산을 지나 항구도시 남포에 도착했습니다. 서해로 흘러드는 대동강 물은 바닷물과 확연히 구분될 정도로 오염돼 있습니다.

장해성(1996년 귀순): 남포 여기서 나온 오폐수가 몽땅 다 대동강에 들어 나간다는 말입니다. 오염도가 매우 심한 상태입니다.

홍사훈 기자: 남포와 평양을 잇는 고속도로를 따라 올라가다 보면 낯선 지형이 나타납니다. 북한의 유일한 18홀짜리 골프장입니다. 평양시로

위성이 궤도를 따라 길게 연속적으로 촬영하면서 이미지를 이어 붙이는 방식.

접어들었습니다. 가장 큰 건물이 바로 주석궁입니다. 주석궁 아래쪽에 보이는 것이 15만 관중을 수용할 수 있는 능라도 경기장입니다. 삼각형 모양의 이 건물은 짓다 만 105층짜리 유경 호텔입니다. 바로 위쪽에는 북한의 유일한 민간 비행장인 순안 비행장이 있습니다.

활주로 4개가 보입니다. 대동강 상류를 따라 왼쪽에는 순천시가, 오른쪽에는 비날론 공단이 자리 잡고 있습니다. 비날론 공단은 김일성 주석이 40억 달러나 들였다가 실패한 공단입니다. 동해안에서는 그림 같은 원산항이 한눈에 들어옵니다. 백사장으로 유명한 명사십리는 바로 이곳을 말합니다. 눈 덮인 함흥평야를 뒤로하고 올라온 곳은 흥남시입니다. 흥남 부두가 눈에 들어옵니다. 바로 옆은 김일성이 자주 갔다던 별장지였습니다.

장해성(1996년 귀순): 바다 밑에다가 말하자면, 궁을 수족관 비슷하게, 그렇게 만든 것이지요.

홍사훈 기자: 반도의 경계 압록강입니다. 수풍댐이 물줄기를 가로막고 있습니다. 800킬로미터 상공의 위성에서 본 북녘땅, 아직 가깝고도 먼 땅입니다. KBS 뉴스, 홍사훈입니다.

2000년 4월 강원도 강릉 인근에 큰 산불이 났다. 인공위성연구센터는 우리별 3호로 이 지역을 촬영하여 피해 면적을 추산해서 발표했는데 정부에서 말한 면적과 거의 일치했다. 마침 1999년 12월에 발사된 아리랑 1호의 역할에는 산불 감시도 하나의 응용 분야로 포함되어 있었다. 그렇지만 아리랑 1호에는 흑백 카메라가 탑재되었기 때문에 해상도(6.6미터)는 상대적으로 높았지만 산불 피해 면적을 보여주는 영상은 공개할 수 없었다. 그 때문에 2000억 원 넘게 들여서 제작된 위성과 100억 원짜리 위성 간의 웃지 못할 비교가 기사화되기도 했다. 이런 연유로 항공우주연구소와 카이스트 사이에 관측위성 운영 협의체가 마련되었고, 인공위성연구센터 단독으로 위성 영상을 더 이상 공개할 수 없게 되었다.

08

100억 원짜리
값비싼 장난감?

아리랑 1호는 우리나라 최초의 다목적 실용위성으로 1994년부터 개발이 시작되었다. 주요 목표는 한반도 관측, 해양관측, 과학 실험 등을 위한 위성의 국산화 및 운용 기술의 확보였고, 총 2242억 원의 연구 개발비가 투자되었다. 항공우주연구소가 총괄하고 미국 기업인 TRW(Thomson, Ramo, and Wooldridge)와 공동으로 개발을 진행하면서 기술이전을 받는 형식이었다. 무게 470킬로그램, 높이 235센티미터, 너비 134센티미터, 길이 690센티미터로, 6.6미터 해상도를 갖는 전자광학 카메라, 해양관측이 가능한 저해상도 카메라, 이온층 측정기, 고에너지입자검출기 등이 탑재되었다. 아리랑 1호는 1999년 12월 21일에 미국 캘리포니아 반덴버그 공군기지에서 고도 685킬로미터의 태양동기궤도로 발사되었다.

아리랑 1호가 개발 중이던 1997년 11월, 아리랑 2호 기획연구를 인공위성연구센터가 맡게 되었다. 기획연구는 사업의 구체적인 목표와 일정, 예산을 추산하는 과정이다. 보통 일정 규모 이상의 사업은 주관 연구 기관이 아닌 별도의 연구 기관이 본사업에 대한 기획연구를 수행한다. 그에 따라 사업 방향과 예산이 결정되기 때문에 본사업을 수행할 기관은 촉각을 세우고 본인들이 원하는 방향으로 기획연구 결과가 나오도록 노력할 수밖에 없다. 아리랑 2호 사업의 경우 항공우주연구소가 주관 연구 기관이었기 때문에 별도의 연구 기관인 인공위성연구센터가 기획연구를 맡게 된 것이었다.

아리랑 2호 기획연구를 카이스트 인공위성연구센터가 맡게 된 것은 과학기술처의 결정이었다. 아리랑 2호는 기업 주도로 추진하기로 예정되었는데, 대우중공업이 주관 기업으로 선정되었으나 중도 포기하고 이에 참여하려던 또 다른 기업인 삼성도 의사를 철회하면서 정부는 난처한 상황이었다. 물망에 오른 곳들이 포기하고, 외환 위기 상황에서 새로운 기업이 참여할 가능성은 없었기 때문에 아리랑 2호 개발 역시 항공우주연구소를 주관 기관으로 정하고 추진할 수밖에 없었다.

기획연구에는 보통 주관 기관에서도 함께 참여하여 도움을 주는데, 항공우주연구소는 1명만 파견하여 연락 업무를 맡도록 하겠다고 했다. 아리랑 1호의 발사가 1999년 말로 예정되어 있었기 때문에 그 이상의 참여가 불가능하다는 게 표면상의 이유였다. 항공우주연구소에서는 인공위성연구센터가 이 연구를 하는 것이 불편하게 여겨졌을 수 있다. 이러한 상황에서 아리랑 2호를 위한 기획연구는 1997년 9월부터 10개월간 진행되었다.

아리랑 2호의 주 탑재체는 다분광 카메라(Multispectral Camera, MSC)였다. 1998년 12월에 진행된 다목적 실용위성 사업 추진 위원회에서는 항공우주연구소가 아리랑 1호 개발을 통해 확보된 본체를 업그레이드하는 역할과 다분광 카메라 사업의 관리 및 감리를 맡고, 인공위성연구센터는 다분광 카메라 기술 전수와 제작을 담당하는 것으로 결정했다.

그런데 다분광 카메라 개발을 위한 해외 기술 도입 대상을 결정하는 과정에서 문제가 생겼다. 항공우주연구소는 이스라엘 회사인 ELOP을, 인공위성연구센터는 독일 회사인 DASA를 선호했다. 당시로서는 해상도 1미터의 카메라를 개발해본 곳이 미국, 프랑스, 러시아밖에 없었지만 기술이전까지 고려해야 했기 때문에 이스라엘과 독일이 검토 대상이 되었다. 이스라엘은 Ofeq라는 정찰위성을 개발하면서 성능은 다소 낮지만 유사한 카메라를 개발한 경험이 있었고, 독일은 대만에 해상도 1미터 위성을 수출하기 위해 계약 직전 단계까지 갔지만 중국이 외교적인 문제를 제기하면서 독일 정부가 수출 허가를 거부하고 있는 상황이었다.

상대적으로 독일 시스템은 구경이 커서 영상의 질이 좋았고, 이스라엘 시스템은 무게가 가볍고 크기가 작아 아리랑 1호 위성 본체에 탑재가 용이하다는 장점이 있었다. 결국 두 기관의 협의는 잘 이루어지지 않았으며 그 과정에서 다시 인공위성연구센터와 항공우주연구소의 통합 문제가 불거졌다.

우주개발의 주관 부처였던 과학기술부 는 항공우주연구소와 인공위성연구센터 사이에서 더 이상 잡음이 나지 않는 방안으로 두 조직의 물리적 통합을 원했다. 항공우주연구소는 아리랑 2호에서 인공위성연구센터가 맡기로 했던 다분광 카메라 기술이전과 제작 역할을 가져와 앞으로 국내 인공위성 사업의 주도권을 유지하고 싶어 했다. 1999년 10월에 개최된 과학기술자문회의에서도 항공우주연구소와 인공위성연구센터의 협력 방안이 중요한 사안으로 제기되었고, 당시 참여한 위원들 대부분이 통폐합을 유일한 해결책으로 인식했다.

과학기술부와 항공우주연구소는 인공위성연구센터를 항공우주연구소의 부설 조직으로 두거나 인공위성연구센터에서 훈련된 인력이 항공우주연구소로 옮기는 것을 원했다. 하지만 인공위성연구센터의 입장은 달랐다. 당시 인공위성연구센터에는 54명의 전임직 직원이 있었고, 모두 계약직 신분이었다. 그중에는 외국에서 공부를 마치고 돌아온 연구원도 있었지만, 우리별 2호와 3호 제작을 위해 국내에서 채용한 연구원과 행정직 직원도 있었다.

항공우주연구소에서는 공식 절차를 거쳐 선별적으로 채용하겠다는 입장이었는데, 그 경우 항우연의 기준에 부합하지 않을 사람이 아주 많았다. 인공위성연구센터에서는 학벌과 무관하게 우주에 열정을 가지고 있고 기술적인 능력이 매우 뛰어난 사람들을 연구원으로 고용한 사례가 적지 않았다. 그런 이들을 그냥 버려둘 수는 없었다.

<hr>

과학기술처는 1998년 2월, 김대중 정부의 출범과 함께 과학기술부로 승격했다.

인공위성연구센터는 우리별 1호라는 우리나라 최초의 인공위성을 만들었고, 우리별 3호라는 우리나라 고유의 위성을 개발했다. 전 세계 인공위성 분야 전문가들에게는 외부로부터 위성 기술을 이전받아 단시간 내에 독자적인 기술력을 확보한 모범 케이스로 알려져 있었다. 하지만 국내에서의 평가는 말로 표현할 수 없을 만큼 박했다. 심지어 일부 인사는 지난 10년 동안 일궈놓은 성과들을 '100억 원짜리 값비싼 장난감' 또는 '아마추어 위성'이라고 평가절하까지 했다. 게다가 당시 카이스트 원장마저도 '인공위성연구센터는 카이스트가 지향하는 방식의 연구 조직이 아니다'라고 선언해버렸다. 7년 넘게 계약직 연구원 신분으로, 일에 대한 보람과 자긍심만을 좇던 이들을 내팽개친 데에 서운함을 느끼지 않을 수 없었다.

항공우주연구소와 통합에 대한 연구원들의 저항이 계속되자 과학기술부는 1999년 11월에 예정된 과학기술위성 1호(우리별 4호에 해당하는 위성)의 2차년도 계약을 해주지 않았고, 그 때문에 직원들은 11월에 월급을 받지 못했다. 이제 다른 방법을 찾을 수밖에 없었다.

09

새로운 출발

독자적인 벤처기업 설립을 위한 TF팀은 1999년 11월 23일에 구성되었다. 인공위성연구센터 직원들을 단체로 영입하려고 했던 스페이스테크(SpaceTech)에 입사하는 방안과 위성 본체와 카메라, 지상 시스템을 담당하던 그룹이 별도로 회사를 세우는 방법까지 다양한 견해가 나왔다. 그렇지만 수일간 계속된 저녁 모임에서 결국 단체로 창업하자는 쪽으로 의견일치를 보게 되었다.

법인은 유상근을 대표이사로 1999년 12월 29일에 등록되었다. 2000년 1월 5일 자 〈조선일보〉에는 다음과 같은 기사가 났다.

과기원 인공위성센터 축소 반발

연구원 집단 사표 움직임

소형위성 개발 중단 위기

소형위성인 우리별 1, 2, 3호를 지구궤도에 발사해 운영 중인 한국과학기술원(KAIST) 인공위성연구센터의 인공위성 연구가 과학기술부의 연구 기능 축소와 인원 삭감 방침에 반발하는 연구원들의 집단 사표 제출 움직임 등으로 위기에 빠졌다.

연구센터의 박성동 씨 등 7명의 연구원은 4일 "이달 중 연구소를 떠나겠다"고 밝혔다. 이와 함께 KAIST도 과기부 방침에 따라 연구센터 연구원 50여 명을 3년 안에 10명까지 줄인 뒤 부족 인원을 대학원생으로 충원하는 방안을 추진하고 있어, 우리별과 같은 소형위성 연구의 맥이 사실상 끊길 위험에 빠졌다.

박 연구원 등의 표면적인 사직 이유는 10년간 축적한 소형위성 개발, 제작 노하우를 사업화해 벤처기업을 창업하겠다는 것이지만, 실상은 작년 8월부터 추진된 구조 조정에 따른 반발로 해석되고 있다.

과기부는 산하 항공우주연구소와 과기원 인공위성센터의 기능이 중복된다는 일부 비판에 따라 연구센터의 기능을 항공우주연구소와 통합하는 구조 조정을 이끌어냈다. 연구센터 측은 "연구센터의 기능이 대폭 축소되면 독창적인 소형위성 연구는 끝이 난다"고 말하고 있다. 항공우주연구소는 상업위성 제작과 발사 등 정부의 수요를 충족시키기에 바빠 독창적인 소형위성 연구가 어렵다는 주장이다.

지난 1989년 인공위성연구센터를 설립해 지금까지 이끌어온 체신부 장관 출신의 최순달 명예 소장은 "작년에 항공우주연구소가 아리랑 1호 위성을 쏘아 올리는 데 2200억 원이 든 반면, 우리가 '우리별 3호' 위성을 쏘는 데는 80억 원밖에 들지 않았다"며 "이런 적은 예산으로 소형위성 분야의 새 지평을 열겠다고 밤낮없이 연구해온 젊은 과학자들의 꿈이 꺾이게 돼 너무 안타깝다"고 말했다. 이에 대해 과기부 최석식 연구개발국장은 "항공우주연구소와 인공위성연구센터의 협력 체제를 갖추도록 유도했고, 구체적인 방안은 과기원 차원에서 마련했다"고 말했다.

벤처기업 창업에 대한 카이스트의 지원은 나쁘지 않았다. 카이스트는 2000년 1월 5일, 〈연구원 벤처기업 설립에 대한 인공위성연구센터 지원 방안〉을 마련했는데 다음 10개 항으로 구성되었다.

1. 인공위성연구센터는 기존의 인공위성연구센터 연구원들이 벤처기업을 창업하는 데 모든 행정적 지원을 아끼지 않는다.
2. 이 벤처기업에 인공위성연구센터의 그동안 대내외적인 활동 경험을 승계하고 발전시킨다는 취지에서 회사 명칭을 인공위성연구센터의 영문 명칭인 SaTReC에 Initiative를 덧붙여 SaTReCi(국문명: 쎄트렉아이)로 하도록 권한을 부여한다.
3. 과학위성 1호기를 개발하는 데 있어 벤처를 창업하여 소속을 옮기게 되는 연구원들의 지속적인 기술 자문이 요구되는 바, 인공위성연구센터는 벤처기업이 독자적인 기반을 확립하고 인공위성연구센터가 수행하는 과

학위성 1호기 연구 개발 과제에 참여하는 동안 인공위성연구센터의 기술, 연구 공간, 시설 및 장비를 무상으로 활용할 수 있도록 배려한다. 연구 공간, 시설 및 장비는 과학위성 1호기 사업에 지장을 초래하지 않는 범위에서 인공위성연구센터 소장과 벤처기업 대표가 상의해서 결정하도록 한다.

4. 벤처기업은 인공위성연구센터가 수행하고 있는 과학위성 1호 개발 사업을 포함하여 각종 국책 연구 개발 사업 및 기관 고유 사업(이하 연구 개발 사업)에 인공위성연구센터로부터 참여 및 기술 지원 요청이 있는 경우, 최대한 협조한다.

5. 인공위성연구센터가 수행하고 있는 연구 개발 사업에 벤처기업이 참여할 경우, 관련 규정에 의거하여 참여 정도에 상응하는 용역 과제를 제공하도록 한다.

6. 벤처기업은 기존의 인공위성연구센터 연구원들이 쌓은 기술과 경험이 인공위성연구센터의 참여 교수 및 대학원생들에게 원활하게 이전될 수 있도록 협조한다.

7. 벤처기업은 인공위성 개발 사업의 수주와 관련 인공위성연구센터의 참여를 적극 지원하고 개발 과제의 일부를 관련 규정에 의거하여 위탁할 수 있다.

8. 과학위성 1호기 사업이 종료되고 난 후에는, 벤처기업이 건물 내 상주를 원하고 수익이 발생되는 사업을 수행할 경우, 연구 공간, 시설 및 장비 사용료는 한국과학기술원 신기술 창업단의 입주 원칙에 따르거나, 센터와

벤처기업 간에 상호 합의되는 원칙에 의거하여 인공위성연구센터에 지급할 수 있도록 한다.

9. 인공위성연구센터와 벤처기업이 앞으로 위성 분야의 대표적인 산학 협력 체계로 발전될 수 있도록 상호 노력한다.

10. 벤처기업과 인공위성연구센터가 공동 개발하여 취득한 산업 재산권의 귀속은 한국과학기술원의 관련 규정에 따른다.

7명의 선발대는 2000년 1월 10일, 인공위성연구센터를 사직하고 1월 11일부터 회사로 이직했다. 자본금은 최순달 교수가 6000만 원을, 나머지 54명의 전임직 직원과 10명의 교수, 그리고 대학원생들이 500만 원 한도 내에서 원하는 만큼 납입하여 총 3억 3000만 원으로 시작했다. 이렇게 마련된 자본금은 회사로 나가는 7명이 인공위성연구센터에서 받던 6개월 치 급여를 보장해주는 것이었다.

당시 연구원들은 회사 설립에 대해 아무것도 아는 게 없었다. 그때까지 창업에 대해서 한번도 진지하게 고려해보지 않았고 '어떻게 하면 하던 일을 계속할 수 있을까? 여기서 그만둘 수는 없다. 우리의 자존감을 회복한 다음에 뭘 하든 각자의 길을 가자' 하는 고민뿐이었다. 그들은 딱 6개월 내에 승부를 걸 생각이었다. 최초 계획에서 박성동은 창업팀에 참여하지 않고 인공위성연구센터에 남아 나가는 친구들의 지원 역할을 맡기로 했다. 하지만 막상 법인을 설립하고 '어떻게 먹고살 것인가'라는 현실적인 문제를 논의하면서 그나마 최순달 교수와 함께 외국 출장을 가장 많이 다닌 박성동이 창업팀에 포함되는 것으로 결정되었다.

연구원들의 창업 스토리는 마침 SBS에서 방영되던 드라마 〈카이스트〉 50회와 51회에서 '새로운 시작 1, 2'로 소개되었다. 1999년 1월부터 2000년 10월까지 방영된 이 드라마는 송지나 작가가 여러 명의 보조 작가와 함께 카이스트 기숙사에 머물며 대본을 썼는데 '새로운 시작' 2회분의 시나리오는 박성동이 검토했다. 연구원 몇 명은 드라마에 카메오로 출연하기도 했다.

이 이야기는 미국에서 발행되는 유명한 과학 저널인 《사이언스》에도 실렸다. 《사이언스》 2000년 1월 21일 자에 게재된 쎄트렉아이 창업 관련 기사는 다음과 같다.

해고된 위성 연구원들 회사 설립

박성동은 처음에는 분노했고, 나중에는 차분해졌다

인공위성연구센터 연구원 박성동은 자신이 속한 대학 기반의 연구소 대부분을 더 큰 정부 출연 기관에 흡수시켜야 한다는 과학기술부의 결정에 분노했다. 이에 대한 항의로 집단 사표 선언을 한 박성동과 55명의 동료는 정부 관료들에게 자신의 일이 얼마나 가치 있는 것인지 보여주기로 결의했다. 그들은 앞으로 3년 동안 인공위성연구센터에서 해고되는 연구원을 고용하고, 개발도상국에 기술을 판매할 회사를 설립했다.

인공위성연구센터는 100킬로그램급 소형위성을 이용한 탐사 연구 기술 개발을 위해 1989년에 만들어졌다. 이 센터는 한국의 MIT라고 불리는 카이스트에 기반한다. 그런데 지난여름 과학기술부는 인공위성연구센터 업무의 대부분이 수억 달러 비용이 드는 대형 상업위성을 제작하는 한국항공우주연구소의 업무와 겹치며, 인공위성은 대학이 아니라 정부 기관에서 개발해야 한다고 결정했다. 정부 관료는 대학은 교수가 학생을 가르치는 곳이고, 인공위성연구센터에 남는 20퍼센트의 인원도 전통적인 교육 역할을 맡는 것이 더 적합하다고 말했다. 과학기술부 최종배 과장은 "카이스트는 연구 기관이 아니라 대학원이다"라고 말했다.

우주개발은 한국 정부에서 중요하게 생각하고 있으며, 지난달에는 작은 위성을 발사할 수 있는 로켓 개발을 위한 5개년 계획을 발표했다. 하지만 인공위성연구센터 연구원들은 정부가 하나면 모두 다 된다는 자세로 전혀 다른 두 프로그램을 통합하려 한다고 생각한다. 다음은 인공위성연구센터의 설립자이자 소장인 최순달의 말이다. "한국항공우주연구소의 접근은 신뢰성과 높은 성능을 보장하는 것이다." "우리는 실험 목적의 소형위성을 다룬다." 예를 들어 이들이 만든 세 번째이자 가장 최근 위성은 1000만 달러에 지나지 않는다. 이 위성은 지구의 자기장, 태양 입자, 우주 방사선 전류 감소 등을 측정하는 실험을 했다.

최순달은 5년 전 과학기술부가 이 기관을 없애려고 한 비슷한 시도에 강하게 저항했다. 하지만 이번에는 무슨 일이 일어나든 받아들이겠다고 체념했다. 한국항공우주연구소 관계자는 지난여름 새로운 장관 임명 후 제안된 통합에 대한 언급을 거부했다. 소식통들은 수시로 바뀌는 한국의 내각을 고려하여 반대자들은 그 계획이 장관의 임기를 넘기지 못할 가능성에 기대를 걸고 있을 것이라고 추측한다.

그러는 동안 인공위성연구센터를 떠난 첫 번째 7명의 연구원은 자신들이 모은 돈, 30만 달러로 1월 11일 쎄트렉아이라는 벤처기업을 설립했다. 그들의 사업은 예산이 부족하고 특정 기술의 전수를 막는 법 때문에 선진국에서 얻을 수 없는 기술을 필요로 하는 개발도상국을 목표로 하고 있다. 또한 스핀오프 기술을 상업화하는 것도 희망한다고 박성동은 말한다. 천문학에서 사용하는 전자광학 시스템은 반도체 제조에 쓰이는 기술과 유사하고 우주 방사선으로부터 위성을 보호하는 물질은 원자력발전 산업에 활용할 수도 있다. 박성동은 그러한 기술을 이용할 수 있기를 기대한다. 상업적 적용을 추구하지 않는 인공위성연구센터에서 고정 임금을 받던 그에게 인센티브는 존재하지 않았다. "나는 우리 연구원들이 모두 백만장자가 되기를 원한다"라고 박성동은 말했다.

카이스트가 2000년 초에 마련한 벤처기업 지원 방안은 제대로 지켜지지 않았다. 쎄트렉아이 연구원의 과학위성 개발 참여, 인공위성연구센터의 시설 및 장비 사용은 잘 이행되지 않았고, 인공위성연구센터의 기술을 활용하는 것에 대해 많은 지분을 요구하기도 했다. 그리고 당시 우주 사업 전반에 대한 감사원 감사가 있었는데, 기업이 대학 건물을 사용하는 것이 지적될 수 있다는 이유로 인공위성연구센터 건물에서 나가주기를 요구했다. 결국 2000년 11월 말, 쎄트렉아이는 더 이상의 미련을 두지 않고 카이스트를 떠났다.

우리별 위성팀이 창업했다는 소문은 벤처캐피털이나 엔젤투자자의 관심을 끌었다. 꽤 많은 투자자가 회사를 방문했는데, 대부분 대표이사를 포함한 경영진의 지분이 너무 낮아 투자 유치를 위해서는 지분 조정이 전제가 되어야 한다는 의견이 지배적이었다. 투자 유치 이후에는 변경이 어려운 만큼 누구를 대표이사로 정할 것인가 논의하는 과정을 거쳤고 박성동이 맡게 되었다. 그리고 유상근은 노광기에 들어가는 고성능 카메라 개발을 새로운 사업 아이템으로 하여 한비전을 창업해 나갔다.

내부적으로 외부 투자 유치에 대해서는 유보적인 입장이었지만 미래를 위해 필요하다고 판단하여 2000년 9월, 유상증자를 통해 경영진의 지분을 일부 확대했고 2006년에는 상장을 준비하면서 지분을 다시 조정했다. 그 과정에 들었던 불필요한 시간과 노력, 비용은 창업 당시 무지에 대한 대가로 지불된 것이었다. 이런 경험은 이후 박성동이 기술 기반 스타트업의 창업 과정을 도와주게 된 이유가 되었다.

지금 돌아보면 참으로 준비되지 않은 창업이었지만, 우리별 위성을 개발하면서 소망했던 꿈을 잃지 않고 유지할 수 있게 된 현명한 선택이었다. 비록 모교 카이스트와 10년 동안 모든 것을 바친 인공위성연구센터에서 쫓겨나듯 떠나긴 했지만, 지금까지도 인공위성연구센터에 손해를 끼치는 일은 하지 않는다는 원칙을 유지하고 있다. 다행히 인공위성연구센터는 항공우주연구소에 합병되지 않았고, 지금까지 많은 수의 전임직 연구원을 보유한 채 후속 위성 프로그램들을 성공적으로 진행하고 있다.

SATREC I

RUSH

2

《사이언스》가 주목한 스타트업

: 인공위성 산업의 판도를 바꾼 쎄트렉아이

01

첫 계약

회사를 설립한 이후 맨 처음 한 일은 그동안 받아놓은 명함을 추려 고객이 될 만한 국내외 기관에 이메일을 보내는 것이었다. 잠재 고객 리스트에는 영국 SSTL로부터 기술이전을 받은 곳들이 위쪽에 올라 있었다. 쎄트렉아이보다 기술이나 경험이 부족하면서 이미 예산을 확보한 기관들이 목표였다.

당시 싱가포르 난양공과대학은 SSTL의 UoSAT-12 위성에 통신용 탑재체를 실어 1999년 4월에 발사한 이후 후속 프로그램을 계획하고 있었다. 프로젝트 책임자였던 탄순히 교수가 난양공과대학의 교수, 연구원, 대학원생 40여 명을 대상으로 싱가포르 현지에 와서 교육을 해줄 수 있는지 문의했다. 그들은 위성에 탑재되는 통신용 중계기를 제작한 경험이 있었지만, SSTL에서는 위성과 관련된 다른 부분에 대해서는 전혀 기술을 이전해주지 않았다.

쎄트렉아이 직원들은 이미 인공위성연구센터 시절, 싱가포르와 멕시코 연구원을 2주 동안 가르친 적이 있었다. 교육 자료는 1994년 록히드에서 받은 5주간의 프로그램을 기반으로 소형위성이 가진 한계를 반영하고 새로운 위성을 준비할 때 고려해야 하는 내용을 포함시켜 우리 실정에 맞게 수정한 것이었다.

2주 교육 과정을 포함한 제안서를 보내자 곧이어 좋다는 회신을 받았다. 바로 청구서를 보냈고 며칠 뒤 미화 3만 달러짜리 수표를 우편으로 받았다. 이것이 회사 설립 후 '첫 번째 계약'이었다. 교육은 싱가포르 난양공과대학 강의실에서 2000년 2월 28일부터 진행되었다. 박성동은 이 기간에 싱가포르를 베이스캠프 삼아 강의가 없을 때 말레이시아, 태국, 대만을 방문하여 마케팅을 했고, 다른 직원들은 1박 2일이나 2박 3일 일정으로 싱가포르를 방문했다.

난양공과대학은 2000년 3월까지 통신용 탑재체 프로젝트 2단계를 마무리하고 4월부터 3단계를 시작할 예정이었는데, 이미 교육부로부터 예산을 승인받아 독자 위성 프로그램(X-SAT)을 진행할 계획이라고 했다. 싱가포르 측에서는 쎄트렉아이에 기술 지원과 자문을 요청했고 이와 관련해 내부 조직도와 향후 일정을 제공받았다. 싱가포르로부터 돈까지 받고 그들의 계획을 구체적으로 들을 수 있을 뿐만 아니라 SSTL과의 협력에서 어떤 점이 불만이었는지까지 파악할 수 있었다.

이 계약은 큰 금액이라 할 수는 없지만 막상 창업 이후 빠듯한 돈으로 외국에 마케팅을 다니기 부담스러웠던 박성동에게 좋은 기회였다. 이후에도 출장비를 줄이기 위해 동남아시아 지역 출장은 자정 무렵 한국에서 싱가포르로 떠나는 싱가포르항공을 탄 뒤 다음 날 새벽에 도착해 종일 싱가포르에서 일을 보고, 저녁에는 호텔비가 저렴한 태국이나 말레이시아로 떠나 일을 마치고, 다시 밤 비행기로 싱가포르를 경유해 이튿날 새벽에 귀국하는 일정을 종종 이용했다. 이 시기 말레이시아를 방문하여 후속 위성 사업에 대한 논의를 구체적으로 진행했고 다행히 계약까지 하게 되었다. 싱가포르는 여러모로 고마운 존재였다.

난양공과대학에서 쎄트렉아이에 위성 교육을 요청한 것은 이전부터 이미 관계를 가지고 있었기 때문이었다. 우리별 3호 개발이 진행되는 동안 인공위성연구센터 연구원들은 지구 관측 분야의 역량을 확보하기 위해 외국을 다니며 지구관측위성과 위성 영상처리 시스템에 대한 공부를 하고 있었다. 1996년 현대전자의 후원으로 연구동을 건설하면서 옥상에 13미터 안테나를 설치했는데, 안테나 공급처를 정하기 위해 여러 나라를 방문했고 그중 한 곳이 싱가포르였다. 싱가포르는 이미 우리보다 먼저 지구관측위성을 활용하고 있었다. 싱가포르국립대학에서 사용하는 장비의 만족도를 확인하고 구매 계약 과정에서 살아 있는 경험을 익혔는데, 이는 일방적으로 싱가포르의 지식을 배우는 기회였다.

그 뒤 1997년에는 싱가포르의 국방부와 난양공과대학 등에서 인공위성연구센터를 방문하여 우리별 3호 개발 현장을 보고 위성 기술 분야 협력을 논의했다. 또한 1998년에는 인공위성연구센터에서 10주에 걸친 위성 기술 교육을 제공했고, 후속 프로그램으로 2년간 연구원 2명을 파견받아 마침 시작된 과학기술위성 1호 개발에 참여해 실무 경험을 얻도록 했다. 아마 이 두 프로그램이 우리나라 역사상 위성 교육으로 외국에서 돈을 벌어들인 첫 번째 사례일 것이다. 이때 인연이 쎄트렉아이의 첫 번째 계약으로 이어졌고, 이후까지 협력을 이어나가게 되었다.

싱가포르와의 본격적인 작업은 2002년 4월에 체결된, X-SAT에 탑재된 해상도 10미터의 다분광 카메라 개발이었다. 이 카메라는 구경 10센티미터로, 광학계를 포함한 모든 구성품이 쎄트렉아이에서 만들어졌다. 2000년부터 개발이 시작된 X-SAT은 10여 년이 지난 2011년 4월에 발사되었다.

처음에는 난양공과대학이 위성 개발을 주도했는데, 아무래도 대학 중심의 개발이다 보니 진도가 잘 나가지 않았다. 2002년부터 X-SAT의 탑재체를 싱가포르 국방과학연구소가 공급하기로 하면서 프로젝트 책임자는 양쪽 기관이 공동으로 맡았지만, 여전히 주도권은 난양공과대학에 있었다. 2004년 2월에 새로 부임한 국방과학연구소장은 프로젝트가 계속 지연되는 데 대해 문제의식을 가지게 되었는데, 2005년 5월 월간 점검 회의가 끝난 뒤 컨설턴트 자격으로 매월 회의에 참석하던 박성동에게 현 상황을 타개하기 위한 방안을 물어보았다. 지금 당장 특단의 조치를 취하지 않고는 해결되지 않을 것이라 생각했기 때문이었다.

박성동은 난양공과대학의 두 교수를 프로젝트에서 제외시키고 국방과학연구소가 주도권을 가지고 진행하는 것이 좋겠다고 제안했다. 이후

그의 의견대로 2명의 교수가 프로젝트에서 제외되었고 국방과학연구소에서 추가로 인원을 투입했다. 이에 따라 프로젝트는 국방과학연구소에서 진행하는 관리 방식으로 보다 엄격하게 운영되었다.

그 뒤로도 많은 시간이 걸렸지만, 위성 개발은 성공적으로 완료되었다. 2016년까지 소장으로 재직한 퀙킴퓨(이후 국방부 최고국방과학자로 옮김)는 당시 본인이 과단성 있는 결정을 내리도록 조언해준 것에 누차 고마움을 표시했고, 이런 그의 마음은 후속 프로젝트 계약으로 이어졌다.

X-SAT의 성공은 싱가포르 정부로 하여금 위성 개발에 자신감을 갖게 했고, 이후 쎄트렉아이는 2010년 11월에 X-SAT 후속 위성인 TeLEOS-1 탑재체, 2013년 4월에는 VELOX-CI 위성 본체 계약을 하게 되었다.

2017년, X-SAT 사업을 할 때부터 박성동과 알게 되어 오랜 친구 관계가 된 청치후가 국방과학연구소장으로 부임하게 되었다. 그는 그동안 싱가포르와 쎄트렉아이의 협력 관계를 매우 만족스럽게 생각해 주요 위성 사업을 쎄트렉아이와 지속적으로 이어가기를 원했다. 쎄트렉아이가 싱가포르로부터 수주한 위성 사업의 규모는 설립 이후 해외에서 수주한 총액의 약 38퍼센트(2021년 말 기준)를 차지한다.

쎄트렉아이가 싱가포르와 20년 넘게 좋은 관계를 유지할 수 있었던 이유는 여러 가지겠지만, 그중 가장 중요한 점은 "약속보다 더 많이 제공한다(Less promise, more delivery)"는 고객에 대한 자세 때문이라 생각한다. 쎄트렉아이는 계약 당시에 약속할 수 없는 것은 명확하게 할 수 없다고 말한다. 하지만 프로그램을 진행하면서 계약서상에 요구 조건으로 포함되어 있지 않더라도 고객이 원하던 바를 최대한 반영하기 위해 노력한다. 그리고 제공하는 제품의 가치가 더 높아진다면 어떻게든 최선을 다한다. 이런 자세가 고객 만족으로 그리고 재구매로 이어졌던 것 같다.

싱가포르에는 몇 가지 특별한 점이 있다. 단적으로 말해 싱가포르 동료들은 정말 똑똑하고 열심히 일한다. 국방과학연구소 연구원 대부분은 대학을 가장 우수한 성적으로 졸업한 사람들이다. 그리고 우리나라 기준으로 책임급 연구원으로 진급하면 관리자 경로(management track)나 연구자 경로(engineering track) 가운데 선택하도록 한다.

관리자 경로를 가게 된 기관장이나 주요 보직자는 내부에서 6개월간 집중적으로 교육받은 후 외국 대학에서 적어도 실무 MBA(Executive MBA)와 같은 관리자 과정을 이수한 사람들 중에서 선발한다. 그러다 보니 기관장이나 보직자 가운데 박사 학위가 없는 이들이 많다. 우리나라와 큰 차이점이다. 어떤 경로를 선택하든 평균 임금은 높은 수준이지만, 관리자가 되면 급여를 포함한 대우가 매우 달라진다. 그리고 연구원의 경우에는 더 오래, 한 분야에서 일할 수 있다는 것이 장점이다. 우리나라 정부 출연연구소에서도 진지하게 고민해볼 만한 대목이다.

우리나라 최초의
위성 수출

말레이시아는 우리나라와 유사한 방식으로 1996년부터 영국 SSTL과 Tiungsat-1이라는 위성을 기술이전 프로그램으로 개발했다. 말레이시아에서는 최초의 통신방송위성 MEASAT-1을 개발하면서 인력 양성에 대한 필요성이 제기되었고, 통신방송위성을 발사했던 아리안스페이스가 초소형위성 발사 기회를 무상으로 제공하겠다는 제안을 해 7명의 인력을 SSTL로 보내서 Tiungsat-1을 개발하게 되었다.

말레이시아에서 우리나라의 최순달 교수 역할을 한 사람은 말레이시아국립대학의 마즐란 오스먼 교수였다. 그는 항공우주 기술 개발을 위해 ATSB(Astronautic Technology Sdn. Bhd.)라는 회사를 설립했다. ATSB는 말레이시아 재무부가 소유한 국영기업이면서도 다른 정부출연연구소와 마찬가지로 과학기술부의 관리 아래에 있는 독특한 구조다. 이는 우수한 인력을 채용하여 국가공무원보다 더 나은 수준의 대우를 해주기 위한 것이었다.

박성동은 1996년 5월 쿠알라룸푸르에서 개최된 회의에서 마즐란 교수를 처음 만났다. 마즐란 교수는 자신들도 우리나라의 우리별 위성 같은 프로그램을 예정하고 있고, 조만간 팀이 영국으로 간다고 했다. 카이스트의 경험을 듣고 싶었는데 그곳에서 온 참여자가 있다는 소식을 듣고 회의장으로 찾아왔다고 했다. 박성동은 한 시간 남짓 영국에서의 일을 이야기해주었다. 당시 말레이시아에서는 ATSB 소속 연구원 외에도 2명의 대학교수와 2명의 군인을 기술이전팀에 참여시켜 영국으로 보냈다.

1997년 12월 마즐란 교수는 ATSB의 직원인 아마드 사비린 박사와 함께 카이스트 인공위성연구센터를 방문했다. 처음 계획했던 아리안 로켓을 이용한 Tiungsat-1의 발사가 불가능해졌는데, SSTL은 최초 계약 내용에 발사체 관련 업무가 포함되어 있지 않기 때문에 추가 비용을 지불하지 않으면 대체할 발사체 수배를 도와줄 수 없다고 한다면서 마즐란 교수는 불만을 토로했다. 당시 인공위성연구센터는 우리별 3호를 인도 발사체로 1999년에 발사하는 계약을 체결한 상태였다. 최순달 교수와 박성동은 하루 종일 두 사람에게 발사체를 선정하고 계약하는 절차에 대한 우리의 경험을 자세히 알려주었고, 인도 발사체를 이용해도 좋겠다는 제안을 했다.

마즐란 교수는 자국으로 돌아가 감사 편지를 보냈는데, 마지막에 말레이시아의 격언이라면서 이런 문구를 보내왔다.

돈으로 진 빚은 갚으면 그만이지만 마음으로 진 빚은 무덤까지 가져간다.

짧은 인연이었지만 마즐란 교수는 이후에도 계속 호감을 표시했고 후속 위성 개발을 인공위성연구센터와 공동으로 추진하길 희망했다. 최순달 교수와 박성동은 마즐란 교수, 사비린 박사와 자주 팩스로 연락하며 (당시에는 팩스가 주된 통신수단이었다) 후속 프로그램에서 어떻게 함께 일할 지 논의했다.

인공위성연구센터에서 쎄트렉아이로 이동하는 어수선한 동안에도 연락을 지속하면서 두 차례 더 ATSB를 방문하며 향후 협력 방안에 대해 구체적인 논의를 했다. 그 뒤 Tiungsat-1은 러시아의 드네프르(Dnepr) 발사체 를 이용하여 2000년 9월에 성공적으로 발사되었다. 쎄트렉아이를 설립한 이후 가장 큰 가능성을 두고 사업을 추진한 곳이 말레이시아였던 데는 이러한 배경이 있었다.

박성동은 2000년 2월 중순 싱가포르 난양공과대학에서 교육을 진행하는 기간 동안 말레이시아를 방문해 후속 프로그램에 탑재될 카메라에 대한 구체적인 요구 사항과 계약 조건을 합의했다. ATSB 이사회는 2000년 3월 후속 위성 카메라 탑재체(Medium-sized Aperture Camera, MAC) 공동 개발을 쎄트렉아이와 진행하도록 승인했고, 4월에 321만 6000달러로 계

드네프르 발사체는 원래 대륙간탄도탄(SS-18)으로 개발된 미사일을 인공위성 발사체로 개조해 사업화한 것이다. 1999년 4월 영국 SSTL의 UoSAT-12를 최초 발사한 이후 2015년 3월까지 총 22회, 128기의 위성을 발사했는데 단 한 번만 발사에 실패했다.

약이 이루어졌다. 회사를 설립한 지 석 달밖에 되지 않은 쎄트렉아이에 매우 의미 있는 일이었다. 우연히 그날 국내에서도 2건의 계약이 체결되는데, 덕분에 인공위성연구센터에 있던 친구들이 회사로 이동하는 속도가 좀 더 빨라지게 되었다.

당시 계약서는 12쪽밖에 되지 않았다. 구경 30센티미터의 광학계로 해상도 2.5미터의 흑백 그리고 해상도 5미터의 4대역 다분광 카메라를 개발하는 것이었다. 3년간 두 회사가 시험모델부터 엔지니어링모델, 인증모델, 비행모델을 함께 개발하여 지적 소유권은 공동으로 갖되 최종 결과물 중에서 엔지니어링모델과 비행모델을 말레이시아가 소유하기로 했다. 쎄트렉아이 입장에서는 자본 투자 없이 말레이시아가 부담하는 비용으로 우리별 3호보다 훨씬 진보된 카메라를 개발할 기회를 갖게 된 것이고, 말레이시아는 후속 위성에 탑재되는 카메라와 기술에 대한 공동소유권을 갖게 되는 구도였다.

당시 말레이시아는 위성에 들어갈 카메라는 쎄트렉아이와 공동 개발하고 위성 본체는 해외 입찰을 통해서 선정하겠다는 계획이었다. 마즐란 교수는 내심 이전부터 교류가 있었던 미국 에어로아스트로(AeroAstro)를 염두에 둔 것 같았다. 하지만 정형화된 인공위성이 아닌 이상 탑재체를 가장 잘 이해하는 곳이 위성 본체를 개발하기에 적합할 수밖에 없고, 쎄트렉아이 입장에서는 새롭게 합류한 직원들의 일거리 확보를 위해서도 위성 본체를 추가로 수주하는 것이 꼭 필요한 상황이었다.

ATSB에서는 카메라 계약과 동시에 3명의 젊은 연구원을 쎄트렉아이로 보냈다(이후 2명을 추가로 파견했다). 이 사업은 김이을이 책임을 맡았는데, 말레이시아 연구원들에게 기술적인 측면 외에도 한국어 강습을 위한 전담 강사를 붙여주는 등 적극적으로 지원했다. 그들이 한국 사람들과 일하며 좋은 평가를 한다면 위성 본체 사업으로 연결되는 가장 중요한 요인이 될 것이기 때문이기도 했지만, 영국에서 우리별 1호를 개발하며 배웠던 경험을 토대로 더 제대로 가르쳐주고 싶기도 했다. 쎄트렉아이로서는 SSTL 이상으로 성공적인 기술이전 모델을 만들어야 했다.

회사 인근에 아파트를 임대해주었지만 말레이시아 연구원들은 모두 무슬림이었기 때문에 식사가 가장 문제였다. 종종 천안에 있는 할랄 식품점에 함께 가서 식재료를 구입하기도 했고, 회식할 때면 가장 먼저 돼지고기가 들어가지는 않았는지, 술이나 와인으로 소스를 만든 것은 아닌지 확인했다. 다행히 생선은 문제가 되지 않았다. 한번은 이들이 살아 있는 닭을 사 와 아파트 안에서 할랄식으로 잡다가 난리가 난 적도 있었다. 그래서 가끔 말레이시아에 방문할 때면 현지 식재료를 챙겼고 집에서 같이 요리해 먹기도 했다. 이들이 자국으로 돌아간 다음에 어떤 한국 음식이 가장 맛있었냐고 물었더니 참치 김밥과 떡볶이라고 했다. 그만큼 그들에게 당시 한국 생활은 음식 문화 측면에서 많은 어려움이 있었다.

그 가운데 카메라 개발은 진행되고 있었고, 카메라를 탑재할 위성 본체가 결정되지 않다 보니 환경시험을 위한 규격을 정할 수 없는 문제가 생겼다. 그래서 ATSB에 계약과 상관없이 일단 위성 본체를 담당할 연구원을 한국에 보내자고 제안했다. 그러나 카메라 계약은 Tiungsat-1 사업에서 남은 예산으로 진행했지만 후속 위성 전체 사업에 대해서는 아직 정부의 승인이 나지 않았기 때문에 인력을 파견할 수 없었다. 게다가 ATSB 측의 대금 지급에도 문제가 생겼다. 2차 지불부터 최초 계약 일정 대비 약간씩 밀렸는데, 그 이유는 ATSB의 예산 사정 때문이기도 했지만, 카메라 개발이 늦어진 데도 있었다.

과거에 개발했던 시스템에 비해 워낙 구경이 커지다 보니 제작 과정이나 조립, 시험 등 전 과정에서 총체적인 문제가 발생했다. 처음에는 카메라의 거울과 경통을 모두 알루미늄 재질로 만들면 온도 변화에 따른 광학적 특성의 변화를 최소화할 수 있다고 생각했으나, 실제로는 그렇게 간단한 문제가 아니었다. 결과적으로 전체 설계를 변경해야 했다.

이 시기에 쎄트렉아이는 또 다른 프로젝트를 추진하고 있었다. 쎄트렉아이의 목표가 '우리가 만든 인공위성을 외국에 수출하자'였던 만큼, 회사를 설립한 뒤 처음 나온 국제 입찰 기회였던 이집트의 첫 지구관측위성 사업(EGYPTSAT-1)에 제안서를 제출하는 데 전력을 다했다.

이집트 위성 사업은 기술의 우수성이나 제안 가격보다 누가 해외 제안사의 에이전트인가가 중요하다는 현지 대사관과 KOTRA의 조언에 따라 당시 대통령이었던 호스니 무바라크의 장인을 고용했다. 하지만 무바라크 대통령의 처남을 에이전트로 고용한 우크라이나 회사가 선정되었다. 이렇게 인공위성 시스템을 수출하려는 첫 시도는 실패로 끝났다. 현실은 그렇게 녹록하지 않았다. 우크라이나에서 만든 지구관측위성은 2007년 4월 드네프르 발사체로 발사되었으나 임무 수행을 하지 못하고 실패했다.

인공위성 시스템 수출의 꿈은 2001년 11월 말레이시아와 위성 본체 개발을 계약하면서 이루어졌다. 이를 위해 말레이시아를 방문한 박성동은 사비린 박사와 마지막으로 계약서 검토를 했다. ATSB 측은 변호사 자문을 받아가며 이전의 카메라 탑재체 계약보다 더 세부적인 내용과 조건을 추가했다. 이틀간의 협상은 걱정했던 것보다 수월했다. 변호사가 추가로 요청한 수정 사항도 일부는 쎄트렉아이에 유리한 조건이었다. 박성동은 사비린 박사와 함께 앉아 계약서 각 조항이 어떤 의미이며, 이런 조항은 말레이시아 측에 불리할 수도 있다는 점을 설명했다. 사비린 박사는 이미 변호사 자문을 받은 내용이기 때문에 그대로 하는 게 좋겠다는 입장이었다.

박성동은 최종 수정된 계약서 2부를 출력해 제본한 다음 서명을 기다리고 있었다. 마침 금요일이었는데, 사비린 박사는 모스크에 기도하러 가는 길이라며 동행하자고 했다. 무더운 날씨에 한 시간 동안 차에서 사비린 박사를 기다렸지만 전혀 덥지 않았다. 사무실로 돌아와 계약서에 서명하고 함께 저녁 식사를 하러 갔다. 식사보다 이 기쁜 소식을 애타게 기다리는 동료들에게 전화 거는 것이 더 급했지만.

쎄트렉아이가 개발을 하게 된 위성은 2003년 마하티르 총리에 의해 RazakSAT이라고 명명되었다. 'Razak'은 말레이시아 두 번째 총리였던 압둘 라작 후세인의 이름에서 따온 것이다. ATSB는 인공위성연구센터가 경험했던 것같이, Tiungsat-1 개발 과정에 대해 자국에서 큰 비판을 받고 있었다. 우리별 1호처럼 인공위성이 영국에서 제작되었고 곧장 발사장으로 갔기 때문이었다. 개발에 참여했던 인력들도 후속 프로그램이 바로 시작되지 않아 대부분 본래 직장으로 돌아가버린 상태였다. 이런 이유로 ATSB는 RazakSAT 개발의 많은 부분을 자국에서 진행하길 원했다.

이에 더해 말레이시아에는 과학기술부 산하 정부출연연구소로서 MACRES(Malaysian Centre for Remote Sensing)가 있었는데, 마치 인공위성 연구센터가 우리별 1호 발사 이후 항공우주연구소와 그랬듯이 지구관측 위성과 관련하여 두 기관 사이에 긴장 관계가 형성되었다. 그 심정이 충분히 이해되었다. 문제는 말레이시아 국내에서 제작 가능한 부품이 얼마나 있을지, 그리고 조립 시험이 이루어지는 시기까지 필요한 시설이 준비될지였다. 만약 이러한 전제 조건이 갖추어지지 못하면 한국에서 수행하기로 했다. 이 사업은 김병진이 책임을 맡아 계약한 뒤, 발사 후 초기 운영까지 담당했다.

탑재체를 실을 위성 본체까지 계약이 마무리되면서 전체 위성에 대한 본격적인 개발이 시작되었다. 15명 남짓의 ATSB 연구원이 쎄트렉아이로 파견되었다. 모든 시험을 거쳐 완성된 RazakSAT은 2005년 8월 말레이시아로 이송되었다. 위성에 들어간 모듈의 상당 부분은 말레이시아에서 제작되었지만, 최초 우려대로 시험을 위한 설비가 일정 내에 갖춰지지 않아 최종 환경시험은 항공우주연구원 시설을 이용했다. TiungSAT-1의 전철을 밟지 않기를 바란 ATSB는 최종 시험이 완료된 직후 발사 일정이 확정될 때까지 위성을 ATSB에서 보관하고자 했다.

 항공우주연구소는 2001년 1월 항공우주연구원으로 명칭이 바뀌었다.

하지만 또 다른 복병이 기다리고 있었는데 바로 발사체였다. 맨 처음 RazakSAT 계약 당시 발사체 선정은 ATSB가 담당하고, 쎄트렉아이는 발사체와의 기술적인 접속에 대해서만 지원하는 것이었다. 말레이시아는 위도 10도 이내에 있기 때문에 적도와 가까운 궤도에 발사하면 말레이시아와 인근 국가를 관측할 기회가 많아진다. 위성이 지구를 도는 궤도와 지구의 적도면이 이루는 각이 매우 작은 이러한 궤도를 '근적도궤도'라고 한다. 처음부터 말레이시아 정부는 RazakSAT을 근적도궤도에 발사할 계획이었다. 문제는 이 궤도에 위성을 발사하기 위해서는 발사장이 적도 근처에 있거나 항공기에 발사체를 실어 적도 근방에서 발사해야 한다는 것이다.

ATSB는 RazakSAT 사업 초기에 미국 에어로아스트로로부터 흥미로운 제안을 받았다. 정지궤도에 발사되는 통신방송위성의 경우 대부분 발사체의 최대 발사 용량에 비해 탑재되는 위성의 무게가 가볍다. 따라서 남는 여유 공간에 다른 위성을 실어 정지궤도와 저궤도의 중간 단계인 천이궤도로 올린 다음, 위성에 부착된 추가 모듈을 이용해 위성을 감속시켜 궤도를 낮출 수 있다는 것이었다. 위성이 지구 주위를 돌기 위해서는 궤도에 맞는 속도를 가져야 원심력이 생겨 지구의 중력에 끌려가지 않는다. 그러므로 위성의 궤도 속도를 줄이면 중력에 비해 원심력이 약해져 고도가 낮아진다.

ATSB와 마즐란 교수는 이 제안을 받아들여 2001년 초 3명의 연구원을 미국에 파견했다. 하지만 쎄트렉아이의 분석에 따르면 천이궤도에서 저궤도까지 내려오는 데 걸리는 시간 동안 인공위성이 경험해야 하는 우주 방사선 피폭량은 위성에 치명적인 문제를 일으킬 만큼 심각한 상황이었다. 우주에서 날아오는 방사선은 아주 높은 에너지를 가지고 있기 때문에 위성의 부품에 큰 위협이 된다.

고도 1000킬로미터 이내의 저궤도에서는 지구의 대기와 자기장이 우주 방사선을 상당량 막아주지만, 최고 고도가 3만 6000킬로미터나 되는 천이궤도에서는 우주 방사선에 의한 피폭이 엄청나다. 게다가 국방 관련 물품에 대한 수출입을 규제하는 ITAR(International Traffic in Arms Regulations) 문제로 인해 ATSB 연구원들이 에어로아스트로와 함께 궤도 천이 모듈의 실질적인 개발에 참여하는 것이 극도로 제한되었다. 결국 에어로아스트로가 제안한 발사 방식은 제외되었다.

그 뒤 말레이시아에서는 2002년 일론 머스크가 설립한 스페이스X에서 처음으로 개발한 팰컨 1(Falcon 1) 발사체를 대안으로 제시했다. 당시 마즐란 교수는 유엔우주업무사무국(United Nations Office for Outer Space Affairs, UNOOSA) 국장이었기 때문에 전 세계 우주개발 동향에 대해 누구보다 많은 정보를 접할 수 있었다. 스페이스X는 인공위성 발사비를 기존 가격의 10분의 1로 낮추겠다고 선언하면서 2005년 매우 이례적으로 590만 달러의 가격표를 홈페이지에 공개했다. 그때만 하더라도 일론 머스크는 우주산업 분야에서 이단아 같은 존재였고, 심지어 '육백만 불의 사나이(6 Million Dollar Man)'라는 표현으로 조롱당하기도 했다.

스페이스X는 콰절레인 환초(Kwajalein Atoll) 중 하나의 섬에 발사장을 구축하고 있었는데, 그 위치에서는 말레이시아가 원하는 9도의 경사각을 갖는 궤도로 위성을 발사하는 데 문제가 없었다. 최초 발사 일정은 2005년이었으나 2006년, 2007년, 2008년에 연거푸 세 차례 시험 발사에 실패하면서 RazakSAT의 발사도 계속 뒤로 미뤄졌다. 2008년 9월 더미 위성을 실은 네 번째 발사가 성공하여 2009년 7월 14일 다섯 번째 발사에 RazakSAT이 실리게 되었다.

말레이시아에서는 성대한 출정식을 거쳐 공군 화물기를 이용하여 RazakSAT을 발사장까지 운송했다. 다행히도 RazakSAT은 무사히 발사되었고, 곧이어 말레이시아 지상국에서 교신에 성공하였으며, 예정대로 태양전지판을 전개하고 영상을 촬영하는 등 초기 운용을 진행했다. 이후 스페이스X는 팰컨 1을 이용한 발사 서비스를 중단했고 팰컨 9으로 본격 상업 발사 서비스를 시작했다. RazakSAT은 스페이스X 최초의 발사체 팰컨 1이 처음이자 마지막으로 궤도에 올린 위성이 되었다.

말레이시아 정부는 RazakSAT 발사가 지연되던 2005년부터 우주인 사업을 시작했다. 러시아 정부로부터 Sukhoi-30MKM 전투기를 구입한 대가로 시작된 프로그램이다. 2006년에 2명의 우주인 후보를 선정했고 18개월의 훈련을 거쳐 정형외과 의사 출신 셰이크 무샤파르 슈코르가 2007년 10월 국제우주정거장을 다녀왔다. 하지만 이후 말레이시아에서는 2600만 달러를 들인 우주인 사업이 낭비라는 비판을 받게 되면서 말레이시아 우주 프로그램 전반에도 먹구름이 드리웠다.

2009년 4월 취임한 나지브 라작 총리는 전임 총리들과는 차별화된 정책을 폈다. 2007년 말, 마즐란 교수가 유엔우주업무사무국으로 돌아간 뒤 말레이시아의 우주개발은 정치 선전화되는 경향을 보였으며, ATSB 가 수행하던 위성 개발이나 우주인 사업도 비난의 대상이 되어버렸다. RazakSAT 발사 이후 2012년과 2016년 두 번이나 후속 프로그램을 시도 하며 국제 입찰에 부쳤으나, 실제 사업은 진행되지 못했고 이미 위성을 개 발할 인력들은 모두 다른 곳으로 직장을 옮긴 상태였다.

쎄트렉아이는 ATSB가 기술 개발의 명맥을 유지할 수 있도록 도움 을 주었다. 쎄트렉아이가 제작하던 환경방사선감시기의 말레이시아 및 동남아시아 판권, 위성 영상 판매를 위한 리셀러 자격 또한 제공했지만, ATSB는 2019년 말 결국 공식적으로 회사 문을 닫게 되었다. 쎄트렉아이 의 실질적인 첫 파트너이자 고객이었던 말레이시아가 후속 프로그램을 이어가지 못하고, 한국에서 기술이전을 받은 20여 명 가까운 연구원마저 모두 다른 분야로 직장을 옮길 수밖에 없게 되었다는 점은 이제까지 했던 외국과의 협력에서 가장 아쉬운 부분이다.

말레이시아에 위성 시스템을 판매한 일은 우리나라 위성 개발 역사상 최초의 수출 사례로 기록될 것이다. 그동안 아무도 경험하지 않은 길을 처 음 간다는 것은 그만큼 예상치 못한 어려움을 겪을 수 있음을 의미하기도 한다. 위성 시스템이나 탑재체, 심지어 위성에 싣는 부품도 특정 성능 이 상의 경우에는 국제적으로 전략물자로 구분하고 수출에 대해 엄격한 통 제 규정을 따르게 되어 있다. 우리나라도 미사일기술통제체제 (Missile Technology Control Regime, MTCR)를 비롯해 바세나르체제 (Wassenaar

Arrangement) 등 국제조약에 가입했고 미국 정부의 전략물자 수출 통제 제도를 참고한다.

말레이시아와의 프로젝트에서는 가장 먼저 RazakSAT 엔지니어링모델을 수출하기 위해 2002년 4월 산업자원부에 전략물자 판정과 수출 허가를 신청했다. 당시 해당 업무를 담당하던 부서는 수출과도 아니고 수입과였다. 지금은 산업통상자원부 산하기관으로 전략물자관리원을 두어 체계적으로 전략물자의 사전 판정에서부터 수출입 허가 절차가 이뤄진다. 하지만 2002년에는 선례도 없었고 규정도 미비한 상태였기 때문에 산업자원부는 과학기술부와 항공우주연구원에 RazakSAT 엔지니어링모델의 수출 허가에 대해 의견을 요청했다.

그런데 때마침 전혀 예상치 못한 악재가 출현했다. 5월 9일 말레이시아 쿠알라룸푸르발 연합 뉴스로 '북한과 말레이시아가 우주 및 정보 기술 분야에서 상호 협력을 강화하기로 협정을 맺었다고 말레이시아 관영 베르나마 통신이 보도했다'라는 기사가 나왔다. 심지어 말레이시아 관영통신 원문에는 없던 '양측 간 협력 분야에는 소형위성 개발이 포함되어 있다'라는 내용까지 담겼다. 항공우주연구원은 '수출 허가 이전에는 더 이상의 환경시험을 해줄 수 없으니 정부 차원에서 방침을 정할 때까지 기다리

미사일 확산 방지를 위해 1987년 미국을 포함한 서방 7개국에 의해 설립된 다자간 협의체로, 우리나라는 2001년 33번째 회원국으로 가입했다.

1996년 출범한 다자간 전략물자 수출 통제 체제로, 재래식 무기와 전략물자 및 기술 수출을 통제하기 위한 목적으로 만들어진 국제조직이다. 우리나라는 1996년에 가입했고 2020년 2월 기준, 총 42개국이 가입되어 있다.

라'는 입장이 되었다.

다행히 북한과 말레이시아의 협력은 실체가 없는 것으로 판명되었다. 외교부까지 포함한 관계 부처 및 우주 분야 전문가가 모여 수출 허가 여부를 결정하는 회의에서 승인이 났고, 11월에 허가서를 받았다. 일부 우려와 반대에 대해서는 '우리가 안 팔더라도 다른 나라가 팔 거라면 당연히 우리도 팔아야지'라는 간단한 논리로 최종 결론을 내렸다고 했다. 이렇게 쎄트렉아이는 '우리가 만든 인공위성을 외국에 수출하자'는 목표의 첫 성과를 거두게 되었다.

03

튀르키예에 안겨준
첫 인공위성

튀르키예는 1999년 우리나라와 비슷한 방식으로 영국 SSTL과 초소형 위성 개발에 착수했고 2003년 9월에 BILSAT-1을 발사했다. BILSAT-1은 우리별 1호에 비해 훨씬 무거운 129킬로그램의 위성이다. 추진계와 SSTL이 공급한 카메라 외에 자체 개발한 카메라를 탑재하고 영상 전송도 과거 SSTL 위성들보다 속도가 빠른 S대역을 사용했다. SSTL은 그 무렵 DMC(Disaster Monitoring Constellation)라는 재난 감시용 위성군을 개발도상국들에 제안하고 있었으며 BILSAT-1은 그 일환으로 2002년에 올라간 알제리 위성, ALSAT-1에 이어 두 번째로 발사된 것이었다.

박성동과 선종호는 2003년 11월 20일부터 23일까지 이스탄불에서 개최된 학회를 기회로 앙카라에 있는 TUBITAK , BILTEN 을 방문했다. 1963년 설립된 TUBITAK은 우리나라의 과거 한국과학기술연구원(KIST)

과 유사한 조직으로 정부출연연구기관의 집합체였고, 1985년에 세워진 BILTEN은 정보 통신 분야를 담당하는 곳인데 중동공업대학 캠퍼스 내에 위치하며, 약 100명 규모였다.

튀르키예가 SSTL과 프로젝트를 진행한다는 것은 당연히 쎄트렉아이의 잠재 고객이 될 수 있다는 말이기 때문에 BILTEN 소장에게 2001년부터 연락을 하고 있었다. 쎄트렉아이에서 방문하겠다고 하기 전까지 반응은 미온적이었으나 구체적으로 일자를 정해 연락을 하니, 환영한다는 답이 왔다.

2003년 11월 19일에 도착한 앙카라 공항은 우리나라 소도시의 시외버스 터미널 분위기였다. 앙카라 도심까지 가는 길은 황량했고 1999년 발생한 대지진으로 인해 주변 마을에는 무너진 건물이 비일비재했다.

다음 날 BILTEN을 방문해 처음으로 서로 소개하는 자리를 가졌는데 의외로 튀르키예 친구들은 우리별 위성 개발에 대해 잘 알고 있었다. 1999년 7월 SSTL을 기술이전 파트너로 결정한 이후, BILSAT-1 위성은 2001년 중반 본격적으로 개발에 착수했고 2003년에 발사되었다. 튀르키예 연구원들의 첫인상은 성실하고 기술에 관심이 많은 우리나라 사람들과 비슷해 보였다. SSTL과의 기술이전 프로그램을 통해 구축된 설비는 다소 정리되지 않은 느낌이었지만, 위성 개발을 위한 최소한의 시설은 갖춰

튀르키예 과학기술연구회(Scientific and Technical Research Council of Turkey).

튀르키예 정보기술 및 전자연구소(Information Technologies and Electronics Research Institute). 2006년에 UZAY로 이름이 변경되었다.

져 있었고 소규모의 청정실도 보유했다. SSTL의 기술이전에 대해서도 나름 긍정적으로 평가했고 후속 위성 사업을 2006년 목표로 진행하고 있었다.

돌아오는 길에 작성한 출장 보고서에 '지속적인 연락을 통해 정보 교환 및 후속 위성 개발의 진행 상황을 모니터링할 필요가 있다'고 했지만 박성동은 선종호에게 "과연 돈을 벌기 위해 이런 곳까지 우리 친구들을 보내야 할까"라고 이야기했을 정도로 현지 상황은 열악했다.

11월 20일, 이스탄불 군사 박물관에서 개최된 RAST(Recent Advances in Space Technologies) 학회는 BILSAT-1 발사를 기점으로 시작된 것이었다. 개회식이 끝나고 개별 세션장으로 이동해 큰 창문 밖을 보고 있는데, 멀찌감치 탁심 광장 인근에서 갑자기 먼지구름이 올라오고 잠시 후 '펑' 하는 폭발음이 들렸다. 학회에 참석한 튀르키예 군인들에게 물어보니 대수롭지 않은 일인 듯 "글쎄…. 모르겠는데…"라고 대답했다. 오전 세션이 끝나고 점심 식사 장소로 이동하는데, TV에서 CNN 긴급 뉴스가 나왔다. 영국 총영사관 앞에서 벌어진 차량을 이용한 폭탄 테러 때문에 영국 총영사가 즉사했다는 소식이었다. 튀르키예와의 인연은 그렇게 시작되었다.

2004년 12월 BILTEN으로부터 후속 위성 RASAT에 탑재될 카메라에 대한 정보 요청(Request for Information, RFI)이 왔고, 2005년 7월에 공식 제안 요청(Request for Proposal, RFP)이 있었다. 쎄트렉아이는 싱가포르 X-SAT 탑재체를 개량해 흑백 해상도 7.5미터, 컬러 해상도 15미터, 관측 폭 30킬로미터의 카메라를 제안했고, 2005년 10월에 독일, 아르헨티나, 우크라이나, 남아프리카공화국의 회사들과 경쟁해서 사업을 수주하게 되었다. 이 카메라를 실은 RASAT은 튀르키예에서 외국의 기술이전 없이 온전히 개발된 첫 번째 위성이었다. RASAT은 2011년 8월에 발사되어 당초 설계 수명이었던 2년을 훨씬 넘어 2022년 현재까지 정상 운용되고 있다.

튀르키예의 한국전쟁 참전 인연에 이어 2002년 월드컵 축구 경기 때 우리나라와 3, 4위전에서 만난 것이 쎄트렉아이가 튀르키예와 사업을 시작하는 데 큰 기여를 하지 않았을까. 쎄트렉아이는 RASAT 탑재체 이후 자세제어용 시뮬레이터와 별센서 공급을 위한 추가 계약을 체결했다. 또한 튀르키예의 후속 위성 사업에도 지구 관측 탑재체와 자세제어용 센서 및 추력기 등을 추가로 제공하게 되었다. 튀르키예와의 협력은 지금도 진행형이다.

04

효율을
금지하다

회사 설립 이후 본격적인 첫 번째 사업이었던 말레이시아 RazakSAT 개발은 기술적으로 큰 도전이었다. 직전에 인공위성연구센터에서 개발한 우리별 3호에 비해 위성의 외형적인 크기나 무게도 2배 이상 커졌지만, 특히 주 탑재체인 카메라 구경이 3배가 되었다. 이에 따라 광학계의 설계, 조립, 정렬뿐만 아니라 열적 변형이나 자기 중량에 의한 변형이 전체적인 광학 특성에 큰 영향을 미쳤다. 이는 그때까지 경험하지 못했던 일이었고 해결 방법에 대해서도 마땅히 도움을 받을 곳이 없었다. 마침 항공우주연구원에서 진행하던 아리랑 2호의 구경 60센티미터 카메라 개발 사업에 간접적으로 참여한 일이 그나마 작은 실마리를 제공해주었다.

처음에는 카메라의 반사경과 경통을 모두 같은 알루미늄 재질로 만들면 온도 변화에 따른 광학 특성 변화를 최소화할 수 있다고 생각했으나 앞서 언급했듯 실제로는 그렇게 간단하지 않았다. 결과적으로 전체 설계를 변경해야 했고 첫 번째 카메라 모델을 포기해야 했다.

2001년 11월 탑재체를 실을 위성 본체까지 계약하면서 전체 위성 개발이 시작되었는데, 원래 계획은 2004년 말까지 완료하는 것이었다. 하지만 2005년 8월에야 마무리되었다. 인공위성연구센터에서 회사로 이직한 25명 가운데 위성 본체 쪽 인원은 10여 명뿐이었기 때문에 신규로 꽤 많은 사람을 뽑았다. 초기 창업 멤버를 제외하고는 스타트업의 한계나 초창기였던 우리나라 우주개발 상황 때문에 경험 있는 우수 인력을 채용하기 어려운 점이 있었다. 그리고 내부에 제대로 된 교육 체계가 마련되지 않은 상태에서 신규 인원이 기존 직원만큼 역할을 해내길 기대하는 건 사실 무리한 상황이었다.

회사로 이동한 인공위성연구센터 출신 인력들은 이미 우리별 3호를 개발하며 팀워크를 맞춘 경험이 있었고 대부분 배경이 비슷했다. 이와 달리 신규 입사자들은 당연히 위성 개발을 해본 적이 없었다. 소통까지 어려워지는 상황이 계속되면서 수시로 새로운 문제가 발생했고 피로감도 커져갔다.

게다가 RazakSAT 프로젝트의 지연 때문에 회사의 재무 상태에도 노란불이 들어오기 시작했다. 이에 따라 개발 인력이 기존 사업에 묶여 새로운 일을 벌일 수 없었고, 고정비용은 진척과 무관하게 계속 나갔다. 결국 자금 문제를 해결하기 위해 어쩔 수 없이 외부 투자 유치를 결정했다. 회사 설립 이후 한 번도 손실이 나지 않아 충분한 자금을 갖고 있었지만,

이대로 몇 달이 지나면 돈이 바닥나는 건 분명한 사실이었다. 마침 창업 초기부터 쎄트렉아이에 관심을 가졌던 KTB네트워크 배진환 팀장(현 메디치인베스트먼트 대표)이 복잡한 조건을 걸지 않고 30억 원을 투자해주었다.

지금 그때로 돌아간다면 일시적인 자금 문제를 해결하기 위해 회사 건물을 담보로 은행에서 차입하는 방법도 고려했겠지만, 당시에는 은행에서 돈을 빌린다는 것에 대해 너무나 거부감이 컸다. 솔직히 무지 때문에 투자를 받았다고 볼 수도 있다. 그러나 30억 원의 총알은 쎄트렉아이에 보다 근원적인 문제 해결에 집중할 여유를 주었다. 다행이었던 점은 RazakSAT 발사가 발사체 문제로 인해 계속 지연되면서 시간을 벌어주었다는 것이었다.

2004년 10월 즈음부터 거의 1년 동안, 회사 보직자 대부분이 매일 저녁에 모여 문제 해결을 위한 방안을 모색했다. 특히 RazakSAT의 공급 일정을 지키기 위해서는 특단의 조치가 필요했다. 벽에 부딪혔을 때 엔지니어링을 하는 사람들은 '문제가 있는 부위에 반창고를 붙이기'도 하는데, 한 예로 근본적인 해결책을 마련하기보다 문제가 발생할 특정 상황을 소프트웨어 패치를 써 임시로 막는 경우를 들 수 있다.

하지만 쎄트렉아이는 정공법을 선택했다. 현재 처한 기술적인 과제를 해결하기 위해 ATSB에 일정 지연에 대한 양해를 구하고, 프로젝트 관리만이 아니라 회사 전체가 안고 있는 문제의 근원을 이번 기회에 해소하기로 했다. 이때 크게 도움이 되었던 책이 제약 이론으로 유명한 엘리 골드렛의 《더 골》(2019, 동양북스)이었다.

그동안 드러난 문제의 현상을 나열하고 각각에 대한 원인을 찾아냈다. 그리고 그 가운데 가장 핵심적인 세 가지의 해결책에만 집중하기로 했다.

1. 커뮤니케이션.
2. 교육.
3. 프로세스화.

직원들은 그동안 커뮤니케이션에 대해 심각하게 오해를 하고 있었다. 효율이라는 미명 아래 심지어 바로 옆자리 동료에게까지 이메일을 보내고, 막상 문제가 생기면 '내가 언제, 이렇게 이야기했잖아'라는 식으로 책임을 회피했다. 커뮤니케이션의 초점이 '말을 한 사람(화자)'에게 있는 것이 아니라 '말을 듣는 사람(청자)'에게 있다는 사실을 간과했다. '내가 이렇게 말(지시)했다'보다는 '상대방으로 하여금 내가 원하는 결과가 나오도록' 하는 게 더 중요하다는 점에 모든 사람이 수긍하는 데 적지 않은 시간이 걸렸다. 박성동은 앞으로 회사에서는 '효율'이라는 단어 사용을 금지한다고 선언했다. (사실은 '앞으로 효율이라는 단어를 쓰면 죽여버리겠다'라는 극단적인 표현을 썼다.) '효과'적으로 일을 하기 위해 어느 정도의 '비효율'은 감수하기로 했다.

창업 초기 구성원은 대부분 나름 좋은 학벌에 똑똑한 친구들이었다. 누군가로부터 하나하나 배우기보다는 대체적인 방향만 제시하면 알아서 공부하고 모르는 건 찾아서 물어보았다. 하지만 새로 입사한 친구들에게 신입 직원 교육이랍시고 앞으로 맡을 일에 대해 간단하게 설명하고 자료 몇 장 던져준 뒤, '자세히 읽어보고 모르면 물으세요'라고 하면 소수를 제외하고는 질문이 있을 리 없었다. 기존 직원들은 질문이 없는 것을 '모두 이해했다'로 받아들였으니 문제가 생기지 않을 수 없었다. 생각을 바꾸어야만 했다.

가르쳐주지 않으면 모르는 게 당연하다. 가르쳐줘도 시간이 지나면 잊어버리는 것 역시 당연하다. 중요하다면 귀에 못이 박히도록 반복하고, 또 반복해야 한다.

당장 시작한 일은 사내 교육 프로그램 마련이었다. 당시 대덕연구단지에서 교육과정을 잘 운영하기로 정평이 난 대덕넷 출신의 김영실을 영입해서 역할을 맡기고, 이훈구가 회사 내 전체 프로그램의 윤곽을 잡았다. 그러고 나서 가르치고, 이해했는지 확인하고, 또 시간이 지나면 같은 내용을 반복했다. 뿐만 아니라 회사 내 교육 체계가 구성원들의 평생교육으로 이어질 수 있도록 기술 외적인 범위까지 다양하게 구성했다.

어느 분야나 마찬가지지만, 10년 경험이 있는 사람이 만든 것이나 입사한 지 1년이 지난 사람이 만든 것이나 제작에 걸리는 시간은 다르더라도 품질에 차이가 있으면 안 된다는 건 당연한 사실이다. 하지만 '어떻게'라는 부분에서는 고민스러운 점이 한두 가지가 아니다. 이에 대해서는 현업에 있는 팀장들이 더 체감했다. 따라서 도제 방식으로 전수되던 기술이

모두 프로세스화, 문서화되기 시작했다. 단번에 완성할 수 있는 것이 아니기 때문에 교육을 포함해 매년 검토하고 보완했다. 마침 회사는 미국에 위성을 수출하려는 목표가 있었기 때문에, 미국에서 요구하는 최소 조건의 하나였던 ISO-9001 품질경영시스템을 형식이 아닌 실제 회사의 품질경영 체계 전반에 적용해나갔다.

당시 쎄트렉아이가 인식한 문제를 해결하기 위해 제시한 11대 과제는 다음과 같다.

1. 교육 체계(정신 자세, 역량 강화, 관리자 교육, 교육을 통한 인력 재배치).
2. 인사 관리(진급, 직급 체계).
3. 사내 커뮤니케이션 활성화.
4. 회의를 통한 업무 지시 및 정보 공유.
5. 조직 관리(관리자의 역할 구분, 분야별 백업, 기능 인력 확보).
6. 성과 관리(성과 측정을 위한 규준).
7. 포상(사기, 의욕, 솔선수범, 적극성, 능동성).
8. 해외 마케팅 강화.
9. RazakSAT의 성공적인 마무리.
10. 사업 관리(계획과 점검, 기능 강화, 프로젝트 관리 기법, 절차).
11. 지적 자산 관리.

이 해결 과제 가운데 커뮤니케이션 강화, 교육 체계 수립 두 가지에, 실행 과정에서 대두된 업무의 프로세스화를 포함하여 세 가지에만 집중했다. 돌이켜보면 현명한 선택이었다. 전부 다 해결하려고 욕심부리지 않고 현재 직원들의 능력이나 실정을 감안해 몇 가지에 힘을 쏟기로 했다. 특히 실행 과정에서 팀장들의 의견에 따라 모든 업무를 프로세스화한 일은 회사의 강점이 되었다. 박성동은 회사 구성원들에게 '지금이 바로 우리 회사의 변곡점이다'라는 말을 자주 했다. 과거 대학 내 연구팀 수준의 조직 역량을 제대로 된 회사 형태로 업그레이드해야 할 때가 되었던 것이다.

05

가장 위대한 성과는
여러분

2005년 10월 31일, 박성동이 전화를 받자 귀에 익은 목소리가 들렸다. 호주 퀸즐랜드공과대학 교수였던 안와르 다우드 박사였다. 다우드 박사는 퀸즐랜드공대에서 위성 탑재용 고성능 컴퓨터 시스템을 개발하여 판매한다는 목표가 있었고, 쎄트렉아이 설립 이전과 이후, 두 차례 대전에 방문한 적이 있어 잘 아는 사이였다. 그는 지금 두바이 정부를 위해 일한다면서 다짜고짜 박성동에게 속히 두바이를 방문해야 한다고 말했다. 두바이 정부가 위성 프로그램을 기획 중인데 당시 쎄트렉아이가 말레이시아와 개발하던 위성이 적합할 것 같다는 내용이었다. 두바이는 아랍에미리트연합국(United Arab Emirates, UAE)을 구성하는 7개의 토후국 중에서 두 번째 서열이다.

RazakSAT 위성은 두 달 전 말레이시아에 납품했지만, 그 직전에 싱가포르로부터 카메라 사업을 수주한 상태였고, 국내에서도 아리랑 3호 지상국 프로젝트를 따낸 상황이었기 때문에 그렇게 관심이 가는 요청은 아니었다. 하지만 속은 셈 치고 다녀오라는 동료들의 성화에 떠밀려 박성동은 11월 28일 두바이를 방문했다. 그동안 이집트를 몇 차례 오가며 잠시 거쳐 간 두바이 공항의 지나친 화려함에 조금은 거부감이 들었고, 비싼 호텔비도 거슬렸다.

당시 박성동이 방문했던 곳은 EIAST(Emirates Institution for Advanced Science and Technology, 아랍에미리트 고등과학기술원)라는 기관으로 아직은 설립 단계였다. EIAST는 2006년 1월 통치자로 취임할 셰이크 무함마드 빈 라시드 알 막툼의 칙령에 따라 두바이의 과학기술 혁신을 목적으로 세워질 예정이었다. 그리고 EIAST가 빠른 시간 내에 세계적 수준의 인지도를 확보하기 위한 수단으로 DubaiSat-1이라는 위성 개발 프로그램을 기획하고 있었다.

다우드 박사는 이에 대한 세부 계획 수립을 담당했다. 그는 2년 내에 말레이시아 RazakSAT과 동일한 위성을 발사할 수 있는지, 비용은 얼마인지, 두바이 연구원에 기술이전은 가능한지 등 이틀간 상세한 내용을 물어보았고, 열흘 내에 제안서를 달라고 했다. 이미 SSTL은 두바이를 방문했으며 제안서를 제출한 상태였다.

다우드 박사는 퀸즐랜드공대 재직 당시 호주 정부 수립 100주년을 기념하기 위해 개발된 FedSat 위성 개발에 직접 참여했는데, 그때 해외 파트너가 SSTL이었다. 2002년 12월 발사된 FedSat은 영국 SIL(Space

Innovations Limited)과 최초 계약했으나 이곳이 부도나면서 SSTL이 SIL을 인수해 이 프로그램을 마무리했다. 그는 FedSat 개발 과정에서 SSTL과 의 협력이 어떤지를 경험했고 그 때문에 쎄트렉아이를 SSTL과 경쟁시키려는 의도를 갖고 있었던 것으로 보였다.

두바이에서 돌아오는 비행기 안에서 박성동은 '나는 왜 여전히 이 사업에 부정적인 입장일까' 생각했다. 당시 회사는 아직도 RazakSAT 사업에서 드러난 문제를 제대로 해결하지 못했고 내부 상황을 우선 정리해야한다고 여겼기 때문이었다. 하지만 기회는 자주 오지 않는 만큼, 약속한대로 2005년 12월 10일에 제안서를 보냈다.

그 뒤 2006년 4월까지 총 다섯 차례 두바이를 방문한 끝에 4월 17일, 계약을 체결했다. 두바이와의 첫 번째 인연은 이렇게 어설프면서도 빠르게 시작되었다. 이후에 들은 이야기지만, 다우드 박사는 말레이시아 ATSB의 CEO인 사비린 박사를 만나 쎄트렉아이와의 협력에 대해 자세히 확인했다고 한다. 결과적으로 말레이시아와 맺은 좋은 관계가 두바이 위성 사업으로 연결된 것이었다. 역시 만족한 고객이 최고의 마케터임을 실감했다.

말레이시아 RazakSAT 진행 과정에서 이미 대부분의 문제가 걸러졌기 때문에 DubaiSat-1 개발은 순조로웠다. 그런데 의외의 일이 발생했다. 작업이 한창이던 2007년 8월, EIAST의 소장이었던 아메드 알 만수리에게 전화가 왔다. 계약 때 만난 이후로 세 번의 설계 검토 회의가 있었지만 한 번도 얼굴을 비치지 않았던 그였다. 알 만수리는 바로 다음 주 월요일 두바이를 방문해달라고 했다. 자세한 이야기는 만나서 하자면서. 불길한 예감이 들었다.

박성동은 김병진과 함께 두바이에 갔다. 알 만수리는 조심스럽게 자초지종을 이야기했다. 프로젝트 책임자였던 다우드 박사가 얼마 전 EIAST 이사회 멤버들에게 개인적인 이유로 사직하겠다는 이메일을 보냈다는 것이다. 알 만수리는 쎄트렉아이가 다우드 박사 없이도 책임지고 프로젝트를 성공시킬 수 있겠느냐고 물었다. 한참 고민 끝에 박성동은 두 가지 전제 조건이 성립된다면 가능하다고 답했다.

> "첫째, 팀에서 가장 선임자인 살렘 알 마리(현 무함마드 빈 라시드 우주센터 소장)가 부책임자를 맡고 둘째, 당신이 DubaiSat-1 프로젝트의 책임자 역할을 하는 것이다. 그렇게 하면 나머지 기술적인 일은 우리가 책임지겠다."

그는 기꺼이 그렇게 하겠다면서 EIAST의 이사장인 무함마드 알 쾜지에게 데려갔다. 이사장을 만나서 받은 똑같은 질문에 똑같이 답했다. 얼마 뒤 다우드 박사에게 DubaiSat-1과 관련된 모든 업무는 알 만수리가 담당하게 되었다는 이메일이 왔다.

이후 알 만수리는 격월로 한국을 방문해서 아랍에미리트에서 파견된 연구원들을 격려하고 그때마다 선물을 한 아름씩 들고 와 쎄트렉아이 직원들에게 고마움을 표시했다. DubaiSat-1 개발은 2008년 6월에 마무리되었으나 발사가 지연되었고, 최초 예정보다 1년 늦은 2009년 7월 30일에 러시아의 드네프르 발사체로 이뤄졌다. 이현우가 사업 책임을 맡은 DubaiSat-1은 상대적으로 수월하게 개발이 진행되었다. 발사 직후 자세제어를 포함한 초기 운용도 순조로웠다. 이때 알 만수리는 연구원들의 밤참까지 준비하는 등 지속적인 관심을 보였다.

DubaiSat-1 프로그램은 지금 돌아봐도 그 이상 성공적일 수 없었다. 무엇보다 2007년 8월 이후 알 만수리는 한국에 파견된 이들과 프로젝트를 꾸준히 챙겼고, 연구원들은 두바이가 개발한 최초의 인공위성 프로젝트에 참여하고 있음에 큰 자부심을 가졌다. 한 조직의 리더가 구성원 전체에 미치는 긍정적 영향이 얼마나 중요한가를 잘 배울 수 있었다. 게다가 두바이의 통치자였던 셰이크 무함마드는 칙령으로 EIAST를 설립했을 뿐만 아니라 2022년 현재까지도 우주개발 프로젝트의 든든한 후원자 역할을 하고 있다. 최고 지도자의 확고한 비전과 의지가 성공적인 우주개발의 필요조건이라는 점을 보여주는 좋은 사례가 될 것이다.

DubaiSat-1이 발사된 지 한 달 뒤인 2009년 8월 30일, 셰이크 무함마드는 EIAST를 방문하여 연구원들을 격려하며 이런 말을 남겼다.

가장 위대한 성과는 바로 여러분입니다. 여러분은 장애물을 부수고 많은 사람들이 불가능하다고 여겼던 것을 이루어냈습니다. 이는 앞으로 거둘 결실을 위한 문을 연 것입니다.

조국의 최고 지도자로부터 이런 찬사를 듣는다면 어떤 연구원이든 모든 것을 바쳐 일하지 않을까? EIAST는 2015년 4월 셰이크 무함마드의 이름을 따 무함마드 빈 라시드 우주센터(Mohammed Bin Rasheed Space Centre, MBRSC)로 명칭이 변경되었다.

DubaiSat-1 개발이 마무리될 무렵 양 기관은 후속 위성 사업에 대한 논의를 시작했고 어렵지 않게 2008년 2월, DubaiSat-2 사업에 착수하게 되었다. 사실 첫 위성이 발사되기 전에 두 번째 위성 사업을 시작하는 것은 흔치 않은 일이다. 그렇지만 기존에 훈련된 인력이 연속성을 가지고 개발에 참여할 수 있도록 후속 프로그램을 조기에 착수하자는 쎄트렉아이의 제안을 알 만수리가 흔쾌히 받아들인 것이었다.

DubaiSat-1은 약 50퍼센트의 개발이 두바이에서 파견된 10여 명의 연구원에 의해 이루어졌다. 두 번째 프로그램은 75퍼센트의 개발 참여율을 지향하고 당시 발표된 소형위성 가운데 최고 성능인 해상도 1.5미터를 목표로 정했다.

DubaiSat-2는 EIAST 측에서 살렘이, 쎄트렉아이 쪽에서는 김병진이 계약서 초안을 작성했는데, 계약 당일 아침까지도 총 계약 금액과 선급금 비율, 두 군데가 공란으로 남아 있었다. 2008년 2월 13일 아침, 박성동과 알 만수리가 만났다. 알 만수리는 이 두 사안에 대한 박성동의 입장을 물었다. 쎄트렉아이는 2008년 중순 코스닥 상장을 앞두었는데, 두바이와의 두 번째 계약은 해외 위성 사업 수주라는 용역 개발의 불확실성에 대해 거래소 상장 심사팀이 가진 의문을 해소할 매우 중요한 사안이었다. 박성동은 알 만수리에게 이렇게 말했다.

"당신이 총 계약 금액을 10퍼센트 낮춰달라고 요구하면, 그 요구를 받아줄 수밖에 없다. 하지만 나는 단도직입적으로 내가 제안한 금액을 수용해달라고 부탁한다. 그만큼의 차이를 나는 한국에 파견 온 두바이 연구원과 우리 연구원의 교육에 투자하고 싶다. 수익이 남는다면 우리 연구원들에게 인센티브를 주고 싶다. 그래야 이들이 두바이 위성 사업에 대해 고맙게 생각할 것이고 그 때문에라도 더 두바이 연구원들을 잘 보살펴줄 거라 믿는다. 선급금 규모는 당신의 예산 사정에 따라 결정해라."

말이 끝나자마자 알 만수리는 "오케이"라고 하고는 살렘을 불러 두 조항을 쎄트렉아이가 원하는 대로 채워 서명을 준비하라고 했다. 쎄트렉아이는 고객에게 공정한 가격을 제안해왔다고 믿는다. 하지만 최종 계약 금액의 협상 결과가 이윤을 결정하는 직접적인 요소라는 점도 정확히 인식하고 있다. 말 한마디에 천 냥 빚을 갚는다고 하듯 최종 계약 협상 순간 집중력을 가지고 고객의 의사 결정을 우호적으로 만드는 것이 얼마나 중요한지 이때 다시 확인한 셈이었다.

쎄트렉아이는 한국에 파견된 두바이 연구원 가운데 카이스트에 입학이 허가된 6명이 석사과정을 마치도록 지원하고, 주기적으로 쎄트렉아이 연구원들과 함께 리더십을 포함한 다양한 교육 프로그램을 수강할 수 있게 했다. 첫 번째 초청 강사는 당연히 알 만수리였다.

DubaiSat-1의 발사와 초기 운용으로 6개월 정도 DubaiSat-2 프로젝트가 중단되기는 했지만, 초반 설계가 완료되고 본격적인 제작에 착수할 무렵이었던 2009년 3월 4일, 박성동은 알 만수리로부터 전화를 받았다. 그는 사우디아라비아에서 해상도 1미터 위성을 개발할 계획이라는 소식을 들었다면서, DubaiSat-2가 발사될 즈음 과연 최고 성능일지 걱정스러우니 해상도를 1미터로 높여달라고 요청했다. 한 달 반 정도 검토를 거쳐 1년의 개발 기간과 1000만 달러의 비용이 추가로 요구된다는 내용을 전달했다. 다시 한 달 뒤, 알 만수리는 기간 연장은 상관없지만 추가 비용이 너무 커서 원래 계획으로 돌아가야겠다고 했다.

그동안 쎄트렉아이는 두 달 반의 시간을 허비한 셈이 되었기 때문에 당황스러웠다. 내부 논의를 거쳐 비용 증가는 쎄트렉아이에서 감당하고, 개발 기간만 1년 연장한 상태에서 카메라의 해상도를 1미터로 개선하기로 했다. 추가 비용에 대해 협상하는 것이 신뢰 관계를 깨뜨릴 수 있다는 생각도 했고, 앞으로의 대세는 1미터가 될 거라고 판단했기 때문이었다. 결국 이 결정 때문에 전혀 예상하지 못했던 스페인으로부터 또 다른 기회를 얻게 된다.

DubaiSat-2는 발사 일정이 6개월 정도 지연되어 2013년 11월 21일에 발사되었다. 당시 발사체였던 러시아의 드네프르는 2011년부터 2013년까지 카자흐스탄과의 발사장 분쟁으로 인해 발사가 연쇄적으로 연기되고 있었고, 아리랑 5호 역시 같은 이유로 일정이 늦추어졌다.

DubaiSat-2 계약이 DubaiSat-1 발사 전에 체결되었듯이 DubaiSat-3(이후 KhalifaSat으로 명칭이 변경되었다) 프로젝트의 계약도 DubaiSat-2 발사 전인 2013년 7월 11일에 체결되었다. KhalifaSat은 처음부터 위성의 설계, 제작, 시험을 모두 두바이 현지에서 두바이 연구원 주도로 수행할 계획이었다. 이에 따라 쎄트렉아이에는 KhalifaSat에 탑재되는 카메라와 일부 부품, 그리고 기술 지원만 담당하는 것으로 역할을 제한하였다. 두바이 스스로 프로젝트의 책임을 지고 모든 결정을 하게 된 것이다. KhalifaSat은 성공적으로 마무리되었으며 2018년 10월 29일, 일본에서 H-2A 로켓으로 발사되어 지금도 정상적으로 운용 중이다.

박성동과 김이을은 이때 일본 다네가시마 발사장을 방문해 참관했다. KhalifaSat 발사 한 시간 뒤, 두바이 지상국에서의 첫 신호 수신을 원격으로 모니터링하고 나서 환호하며 눈시울을 붉히는 두바이 연구원들을 보며 같이 뿌듯함을 느꼈다. 위성의 패스가 종료되자마자 KhalifaSat 프로젝트 책임자였던 아메르 알 사예는 가장 먼저 박성동과 김이을을 포옹했다. 한 방에 있던 JAXA와 미쓰비시 사람들이 부러운 눈으로 바라보았다. 일본은 60년 넘는 우주개발의 역사를 갖고 있지만 외국에 위성을 수출해본 적이 없었기 때문이다.

2006년 4월에 20대 중반이었던 연구원 4명이 대전으로 와서 시작된 두바이의 위성 프로젝트는 2015년을 기점으로 모든 개발 활동이 두바이로 이전되었다. 그리고 무함마드 빈 라시드 우주센터는 이제 300명 이상의 연구원을 보유한 대표적인 위성 개발 기관으로 성장했다. 알 만수리는

2014년까지 이 우주센터의 소장으로 재직했고, 2012년부터 아랍에미리트 국회의원을 역임했으며, 2022년 현재 개인적으로 문명교차로박물관(Crossroads of Civilizations Museum)을 운영하고 있다.

무함마드 빈 라시드 우주센터가 2020년 7월에 발사한 화성 탐사선 아말(희망이라는 뜻의 아랍어)은 2021년 2월에 화성 궤도 진입에 성공했다. 이로써 아랍에미리트는 미국, 러시아, 유럽, 인도에 이어 다섯 번째 화성 궤도 진입국이 되었다. 책임자인 옴란 샤라프는 이 프로젝트 성공의 배경 중 하나로 "2000년대 한국과의 협력을 통해 DubaiSat-1, 2를 발사하면서 많은 지식을 전수받은 것"을 꼽았다.

쎄트렉아이는 앞으로도 몇 년 더 두바이가 후속 프로그램에서 요청하는 분야를 지원할 예정이다. 2021년 말까지 쎄트렉아이가 외국으로부터 수주한 전체 사업 규모에서 두바이는 40퍼센트를 차지한다.

06

전 세계
최단 기록을 세우다

스페인에 위성을 수출하기 전까지 쎄트렉아이의 고객은 대부분 개발도상국이거나 우리나라보다 기술 수준이 낮은 국가들이었다. 회사 설립부터 미국에 위성을 수출하겠다는 호기로운 목표를 세웠는데 벽은 생각보다 높았다. 미국에 현지법인을 설립하고 미국인을 회사 대표로 고용하지 않고서는 수출이 불가능하다는 결론에 도달했다. 그런 측면에서 미국은 아니었지만 스페인에 위성을 수출하게 된 것은 큰 의미가 있는 일이었다. 특히 스페인 고객은 민간 기업이었고, 쎄트렉아이에 위성을 구입하는 데 투자된 돈을 위성 발사 이후 영상 판매를 통해 회수하겠다는 순수 상업적 비즈니스 모델에 기반했기에 다른 수출 사례와 차이가 있었다.

두바이와의 만남이 말레이시아 때문이었다면, 스페인과의 만남은 두바이 덕분이었다. 쎄트렉아이는 새로운 사업 제안 단계에서 과거의 고객들이 서로 접촉할 수 있도록 연결을 해준다. 쎄트렉아이와 한 사업 수행에 어떤 점이 만족스러웠고 어떤 점이 아쉬웠는지를 미리 알아보라는 의도다. 물론 세계 어디와 비교해도 자신 있다는 뜻이기도 하다.

스페인의 데이모스 스페이스(Deimos Space)는 2006년 영국 SSTL과 Deimos-1 위성 구매 계약을 체결하고 2009년 7월에 위성을 발사했는데, 그때 드네프르 발사체로 함께 올라간 위성이 DubaiSat-1이었다. 2008년 5월, 발사체와 인공위성 간 인터페이스를 협의하기 위한 회의가 두바이에서 열렸는데, 스페인에서는 데이모스 스페이스 자회사인 데이모스 이미징(Deimos Imaging)의 CEO였던 페드로 두케가 참석했다. 이 회의에 참석한 김병진이 페드로를 박성동에게 소개했다. 페드로는 1998년 스페이스 셔틀 미션에 참여했으며 2003년에는 소유즈를 이용하여 두 차례 국제우주정거장에 다녀온 우주인이다. 이후 2018년 과학혁신대학부 장관을 역임했으며 2019년에는 국회의원으로 선출되었다.

2008년 10월 우주 분야의 학술 대회 가운데 가장 규모가 큰 행사인 IAC(International Astronautical Congress)가 영국 글래스고에서 개최되었다. 박성동은 그곳에서 페드로와 함께 데이모스 스페이스의 CEO인 미겔 벨로 모라 박사를 처음 만났다. 하지만 그때까지만 하더라도 이들이 쎄트렉아이의 고객이 될 거라고는 크게 기대하지 않았다.

이듬해 2009년 10월 12일부터 16일까지 대전에서 IAC가 개최되었는데, 둘째 날 모라 박사가 부인과 함께 쎄트렉아이 부스를 방문했다. 당시 해상도 1미터의 DubaiSat-2를 중심으로 전시를 준비했는데 모라 박사가 관심을 보였다. 데이모스 스페이스에서는 당연히 후속 위성 준비를 해야 하는 상황이었고, 모라 박사는 투자수익률이 높은 대상을 찾던 중이었다.

박성동은 늦은 오후에 모라 박사를 회사로 데리고 가 구석구석 보이면서 쎄트렉아이가 어떤 곳인지 소개했다. 그리고 학회에 참석한 태국 동료 숫제 교수와의 저녁 약속에 함께 갔다. 태국 마하나콘공과대학 총장이었던 숫제 잔타랑 교수는 SSTL과 ThaiPhat-1 위성 개발을 할 때 프로젝트 책임자였기 때문에 셋은 공통점이 많았다.

자연스럽게 대화는 SSTL에 대한 성토로 이어졌다. 모라 박사는 계약과 달리 지상국의 소프트웨어 제공 약속을 지키지 않는다는 점, 태양전지판의 형상 때문에 60와트 이하의 전력이 발생될 때는 카메라 운용이 불가능하다는 점 등 SSTL과 관련된 불만을 이야기하기 시작했다. 숫제 교수는 맞장구를 치면서 다음 위성 개발 시에는 꼭 쎄트렉아이와 할 거라며 분위기를 돋웠다. SSTL에 불만을 가진 곳은 쎄트렉아이의 잠재 고객이 될 수 있다. 박성동은 후속 위성으로 DubaiSat-2 같은 위성이 어떻겠냐고 제안했고, 막걸리 몇 잔에 기분이 좋아진 모라 박사는 앞으로 협력해보자고 말했다.

2009년 10월 20일, 모라 박사는 약속대로 핵심 요구 사항을 이메일로 보내왔고, 쎄트렉아이는 11월 3일 첫 번째 제안서를 보냈다. 이후로 수없이 많은 이메일 교환이 있었다. 모라 박사는 계약 이후 데이모스 스페이스 측의 질문들에 대해 쎄트렉아이의 거의 실시간 답변을 보고 함께 일해도 되겠다는 생각을 가졌다고 했다. 박성동은 12월 14일 김이을, 김문규와 함께 마드리드를 방문해 쎄트렉아이 쪽 제안을 소개했다.

데이모스 스페이스는 스페인 지방정부 재원을 기반으로 활용하여 후속 위성을 개발할 계획이었고 영국, 독일, 프랑스, 이탈리아 회사들을 함께 고려하고 있었다. 또한 공개 입찰 방식이 아니라 제안서를 받아 자체 평가한 다음, 회사 두세 곳을 추려 최종 협상할 예정이라고 했다. 하루 종일 임무 수명, 가격, 일정을 포함하여 상세한 기술 사항에 관한 협의가 있었다. ESA(European Space Agency) 프로그램에 많이 참여한 유럽 회사답게 기술적인 부분에 대해서는 전문가다운 느낌이 물씬 풍겼다. 기존에 경험했던 고객들과는 차이가 컸다.

이듬해 3월 17일, 모라 박사는 2명의 직원을 데리고 회사를 방문했다. 이들이 이미 쎄트렉아이와 협력하기로 마음을 정했다는 것을 확실히 느낄 수 있었다. 이제는 세부 조건에 대한 협의가 중점적으로 논의되었다. 데이모스 스페이스는 5월 8일, 이사회에서 사업 승인을 했다는 연락과 함께 공식 제안서를 요청했다. 6월 3일에 제안서를 송부했고, 6월 22일에는 각 서브 시스템과 운용 관련 세부 질문들을 엑셀 파일로 받았는데 엄청난 양이었다. 며칠 내로 답변을 정리해서 보낸 뒤 6월 28일부터 사흘간 계약 협상을 위해 박성동은 김문규, 이훈구, 임태형과 함께 다시 데이모스 스페이스를 방문했다.

다른 조건들은 무난히 합의할 수 있었는데 총 계약 금액에서 300만 달러의 이견이 있었다. 모라 박사는 자신이 제안한 금액을 수용하면 당장 계약서에 서명하겠다고 했다. 사업 책임자를 맡기로 내정된 김문규는 스페인의 제안 가격을 수용하자고 했지만 박성동은 고개를 저었다. 아무리 스페인이라고 해도 이윤을 300만 달러나 줄여가면서 계약할 수는 없었다 (마지막 순간의 가격 협상은 매출뿐만 아니라 이윤에 100퍼센트 영향을 미친다).

이후로 4개월 남짓한 기간 동안 거의 하루가 멀다 하고 전화 통화와 이메일 교환이 있었다. 이 기간에 SSTL도 데이모스 스페이스에 추가 제안을 한 모양이었다. 모라 박사도 SSTL의 새로운 제안을 들어 가며 자신의 요구를 수용하라고 압박했다. 박성동은 데이모스 스페이스의 합리적인 추가 자료 요청에는 응했지만 가격만큼은 최초 제안에서 한 발짝도 양보하지 않았다. 결국 2010년 11월 5일부터 이틀간 모라 박사를 포함한 세 사람이 회사를 다시 방문했고, 계약 금액은 쎄트렉아이가 최초 제안한 대로 마무리되었다. 계약 협상이 완료되기 전 박성동은 다이어리에 이런 내용을 적어놓았다.

스스로와 타협하지 말자. 협상이란 어쩌면 상대보다는 자신과의 싸움인 것 같다. 인내심이 부족하면 스스로 만든 하한선 이하에서조차 타협하고 싶은 충동을 느끼게 된다. 스스로의 제안을 강화하고, 상대가 선택할 수 있는 옵션들을 이해하고 끈기를 가질 때, 비용 절감을 통해 얻는 것과는 비교할 수 없는 이윤을 이끌어낼 수 있다. 조바심 내지 말자. 시간이 내 편이라는 강한 믿음을 갖자.

DubaiSat-2와 쌍둥이 위성인 Deimos-2는 DubaiSat-2보다 약 7개월

늦게 2014년 6월 19일 러시아 야스니 발사장에서 드네프르 발사체로 고도 620킬로미터의 태양동기궤도에 올라갔다. 발사 직후 위성은 자세 안정화를 마치고 12시간 내에 첫 영상을 촬영해 지상국에서 수신했는데, 아마도 당시까지 이 분야에서 전 세계 최단 기록이 아닐까 싶다.

Deimos-2 위성은 쎄트렉아이가 공급했지만 관제용 지상국과 영상처리 시스템은 쎄트렉아이가 제공한 정보를 바탕으로 데이모스 스페이스가 직접 개발했다. 데이모스 스페이스는 해상도 1미터의 원영상을 과샘플링(oversampling)하여 해상도 70센티미터로 판매하고 있다.

2015년 6월, 캐나다 회사인 어스캐스트(Urthecast)는 데이모스 스페이스로부터 Deimos-2를 포함하여 Deimos-1과, 위성을 운용하는 회사인 데이모스 이미징을 총 7420만 유로로 일괄 인수했다. 어스캐스트는 2013년 캐나다 주식시장에 상장되었으나 계속된 영업 손실로 2020년에 상장폐지가 되었고 운용 중인 Deimos-1, 2 위성을 2021년 7월 포르투갈의 지오샛(Geosat LDA)이라는 회사에 매각했다. 한국 사람의 손으로 만들어진 위성이 스페인, 캐나다, 포르투갈까지 세 차례 국적이 바뀐 셈이다. 더욱 흥미로운 사실은 Deimos 위성 인수를 결정한 지오샛의 대표가 Deimos-2 위성을 최초 발주한 데이모스 스페이스의 모라 박사라는 점이다.

SATREC I
3
RUSH

우주 세대를
위한
새로운 길

: 기술 기반 스타트업 창업의 모든 것

01

딜레이의
악순환을 끊다

쎄트렉아이 창업 당시, 회사 설립에 대해 아는 사람이 아무도 없었다. 인공위성연구센터에서 위기 상황을 겪으면서 막연히 '여기서 멈출 수는 없다', '우리 손으로 만든 위성을 외국에 팔아서 우리가 배운 기술들이 헛되지 않았다는 것을 증명해 보여 자존감을 되찾자' 하는 마음뿐이었다. 작게는 기술, 그나마 확장해 사업에 대해서만 어렴풋한 생각을 가졌지, 회사를 설립하는 절차부터 지분 구성을 어떻게 해야 하고, 외부 자금은 어떤 조건으로 받게 되는지, 코스닥 상장이라는 게 뭔지… 정말 아무것도 몰랐다.

그런 가운데 1999년 12월 말에 회사를 창업했고 바로 싱가포르, 말레이시아와 계약을 성사시켰다. 2002년 말 회사 구성원에게 2005년 목표로 제시했던 내용은 다음과 같았다.

1. 매 2년 기준 1기 이상의 신규 위성 사업 수주.

2. 국내외 사업 간의 균형적 매출 구조.

3. 구성원 50~60명.

4. 매출 100억 원, 순익 30억 원.

5. 내부 적립금 50억 원 달성 이후 더 이상은 회사에 유보하지 않고 나누어 갖는다.

원래 의도는 1999년 말 54명이었던 인공위성연구센터의 인력 규모를 유지하면서 독자적으로 생존할 수 있는, 그러면서도 재미있는 연구소 같은 분위기의 조직을 만드는 것이었다. 그래서 2003년 4월 대전 전민동에 자리 잡은 첫 사옥은 주차 공간이 정확히 60개만 마련되었다. 한편으로는 소박한 목표였지만 지금 생각해보면 몰라도 한참을 몰랐던 것이었다. 이미 1990년대 후반 우리나라에 창업 열풍이 불었다. 이른바 갑부가 된 벤처기업 대표들이 많이 소개되었지만 쎄트렉아이에서는 묵시적으로 돈을 번다는 것에 대해 언급하는 건 금기에 가까웠다.

창업한 지 2년 만에 우리나라에서 벤처 열풍이 사그라지기 시작했지만, 꽤 많은 수의 벤처캐피털(VC)이 쎄트렉아이에 투자하고 싶다는 의향을 지속적으로 전달해왔다. 그래서 최초 N분의 1 구조의 지분 구성을 대표이사와 실질적인 경영진 중심으로 변화시키기 위해 많은 대가를 지불하며 자본금을 늘리거나 구주를 매입했다. 이와 달리 회사는 설립 이후 첫해부터 꾸준히 수익을 내왔기 때문에 VC로부터 투자받을 필요를 느끼지 못하고 있었다.

하지만 2004년부터 2005년까지 말레이시아 RazakSAT 위성을 개발하며 경험한 '딜레이의 악순환' 때문에 통장 잔고는 급속히 줄어들었고, 그 때문에 외부 자금을 수혈해야 한다는 공감대가 마련되었다. 20여 년 쎄트렉아이 역사에서 재무적으로 가장 부실했던 2005년도의 결산 재무제표를 보면, 플러스의 영업이익과 당기 순익을 기록하긴 했다. 그러나 당시 줄어드는 현금 잔고를 보는 초보 CEO는 높은 계곡에 설치된 외줄을 타는 심정이었다.

결국 2005년 KTB네트워크로부터 30억 원을 투자받았다. 이 투자금은 당시 쎄트렉아이가 많은 노력을 쏟은 '딜레이의 악순환'을 끊는 든든한 버팀목 역할을 해주었다고 생각한다. 하지만 만약 지금 그 순간으로 돌아간다면 신주 발행을 통한 투자 유치보다는 은행 융자를 이용해 일시적인 자금 문제를 해결했을 것 같다. 아니, 어쩌면 훨씬 더 상황이 좋았던 시점에 미리 투자를 받았어야 했다.

지금도 그렇지만 VC로부터 투자 유치는 기업 공개나 매각을 전제로 이뤄지기 때문에 이 투자 역시 2008년 말까지 코스닥 상장을 목표로 했다. 앞서 언급했듯 KTB네트워크에서 쎄트렉아이 투자를 담당한 심사 역은 배진환 팀장과 이삼우 과장(현 한화투자증권 이사)이었다. 배진환은 박성동의 중고등학교, 대학교 후배였던 김영달 대표(현 아이디스홀딩스 대표)가 아이디스 창업 이후 첫 투자를 받을 때 담당 심사 역이었던 인연으로 2001년부터 알고 지내던 사이였다. 우연이기는 하지만 2003년 9월 스탠퍼드대학에서 있었던 2주 연수 프로그램 SEIT(Strategy and Entrepreneurship in the Information Technology)에도 함께 참여했다. 이는 대표적인 재미 성공 사업가인 이종문 회장이 정보통신부와 공동으로 마련한 것이며 1999년부터 2003년까지 5년에 걸쳐 매년 50명의 벤처기업인, 교수, VC, 공무원 등을 스탠퍼드대학 경영대학원으로 보내 실리콘밸리의 창업 생태계를 경험하도록 할 목적으로 만들어졌다. 박성동은 2003년에 마지막 기수로 참여했다.

스타트업에 대한 VC의 투자는 기존에 좋은 투자처가 된 선배 회사가 소개하는 곳이 우선적으로 이뤄진다(투자 유치 이후 VC들에 줄 수 있는 가장 고마운 선물이 또 다른 좋은 회사를 다른 VC보다 먼저 소개해주는 것이라고들 한다). 투자를 유치하는 스타트업 입장에서는 어떤 VC로부터 투자를 받느냐가 매우 중요하다. 유리한 조건보다 VC 업계에서 좋은 평판을 갖고 있고, 담당 심사 역이 투자 이후에도 제대로 경영 자문을 해줄 수 있는 곳으로부터 투자를 받는 것이 좋다. 향후 예상하지 못한 어려운 상황에 처했을 때 함께 문제를 해결해나갈 파트너를 구한다는 생각으로 투자 유치를 하게 되면 서로 '윈윈' 할 수 있다.

쎄트렉아이는 취약한 지분 구성 때문에 창업 초기 구성원들에게 지분을 나눠주기가 곤란한 상황이었다. 그나마 주식매수선택권(스톡옵션)을 주는 게 유일한 선택이었는데, 배진환은 최초 계약에 명시된 것보다 훨씬 많은 수량을 부여할 수 있게 KTB네트워크를 설득해주었다. 쎄트렉아이 측도 그게 불가능하다면 투자금을 상환해주겠다고 했다. 참고로 당시 투자 계약상 상환 이율은 연복리 8퍼센트였다.

2008년 말까지 코스닥 상장을 전제로 외부 투자를 받기는 했지만, 2005년 이후 회사는 큰 규모의 사업들을 수주했고 재무적으로도 좋은 결과를 보였다. 그런 가운데 상장을 결정한 데는 몇 가지 이유 중에서도, 2006년 초 전체 구성원이 모인 경영기획워크숍 말미에 있었던 한 직원의 건의가 촉발제가 되었다. 그 직원은 대표이사 질의응답 시간에 "대표님, 제발 우리 회사가 좀 더 유명해지게 해주세요"라고 울먹이며 이야기했다. 얼마 전, 결혼을 전제로 사귀던 여자 친구 집에 인사를 갔는데 예비 장인으로부터 "불안한 벤처기업에 다니는 자네에게 내 딸을 시집 보낼 수 없다"라는 말을 들었다는 것이었다.

사실 그 전부터 큰 규모의 국내 사업을 진행하는 동안 항공우주연구원이나 국방과학연구소로부터 유사한 말을 들어왔기 때문에 회사의 인지도와 재무 안정성을 획기적으로 향상시킬 방안을 고민하던 중이었다. 그 때문에 회사 경영진 모두가 본격적으로 상장을 위한 준비를 진행하자는 데 쉽게 동의할 수 있었다.

박성동은 배진환에게 상장 준비로 가장 먼저 믿을 만한 CFO를 추천해달라고 부탁했고 지인들에게도 같은 말을 전했다. 후보 세 사람을 두고 고민했는데, 최종 배진환이 추천했던 이성대 부사장을 CFO로 낙점하게 되었다. 쎄트렉아이와 화학적으로 잘 결합할 수 있는 이 부사장을 소개해 준 것에 대해서 지금도 배진환에게 고마워하고 있다. 결과적으로 KTB네트워크는 쎄트렉아이가 코스닥에 상장하면서 약 200억 원의 투자 수익을 거뒀다.

기술 기반 창업자 대부분이 재무 관련 지식이 부족하기 때문에 기술 개발이나 영업을 제외하고는 어처구니없는 실수를 저지르기 십상이다. 적절한 순간에 적합한 인원을 영입하여 그 역할을 맡기고 본인은 더 잘할 수 있는 일에 집중해야 한다. 물론 하루하루 생존이 걱정인 스타트업 입장에서는 어려운 선택의 문제다. 돌아보면 쎄트렉아이도 그런 결정이 많이 늦었던 것 같다.

스타트업 CEO들 가운데 '꼭 상장해야 하나요?'라는 질문을 하는 이가 가끔 있다. 과거라면 머뭇거렸겠지만 지금의 박성동은 '당연합니다'라고 답한다. 개인 회사가 아니라 법인이라면 어떤 이유로든 대표가 회사를 떠난 이후에도 영속할 수 있어야 하고, 새로 들어오는 직원들에게도 직장으로서의 안정성과 성장 가능성을 보여주어야 한다. 본인 중심의 관점이 아니라 회사 내외부 고객의 입장에서 이 물음을 다시 해본다면 쉽게 같은 대답에 이를 수 있으리라 본다. 상장은 하지 못해 못 하는 거지, 할 수 있는데도 안 하는 경우는 없다. 만약에라도 그런 상황이 있다면 매우 무지하거나 무책임한 대표라 하겠다.

쎄트렉아이는 코스닥 상장 이후 지금까지 연평균 20퍼센트 이상의 성장을 유지해왔고, 상장한 뒤로는 한 번도 '언제 망할지 모를 회사'라는 이야기는 듣지 않게 되었다. 더불어 미래 장인에게 인사하러 갔다가 곤란한 질문을 받았다는 이야기 역시 들리지 않는다. 대전이라는 입지적 한계는 여전히 인재를 채용하는 데 약점으로 작용하지만 회사에 지원하는 인력의 수준도 과거 신생 기업일 때에 비해 확실히 개선되었다.

통상 회사가 상장을 하고 나면 최초 창업팀은 꽤 많은 수익을 갖게 되고 이 때문에 와해되는 경우도 있지만, 쎄트렉아이는 매우 적은 수의 인원이 대학으로 가거나 새롭게 창업했을 뿐 대부분 그 얼굴들이 그 자리를 유지하고 있다. 그렇기에 회사는 성장 전략을 계속 고민할 수밖에 없다. 새로 들어온 우수한 인력들은 더 큰 역할과 기회를 찾기 마련이기 때문이다. 그래서 쎄트렉아이는 지금까지 세 차례 자회사를 설립했고 각각의 자회사는 해당 사업을 담당하던 부서장이 대표가 되어 책임 경영하고 있다.

배진환과의 인연은 10년이 훨씬 지나 다시 새로운 투자자와 피투자 기업의 관계로 이어졌다. 배진환은 2015년 KTB네트워크에서 나와 메디치인베스트먼트를 설립했고, 2019년 말 쎄트렉아이의 자회사인 SIIS와 SIA가 이곳으로부터 각각 20억 원씩 투자를 유치하게 된 것이다(SIA는 2021년에 50억 원을 추가로 투자받았다).

02

네가 해라,
대표이사

1997년 7월 카이스트 인공위성연구센터에서 우리별 3호 개발이 종료되고 과학기술위성 1호 사업이 본격화되면서 김형신(현 충남대학교 교수)이 연구개발실장을 맡아 위성 개발과 관련된 업무를 담당하게 되었다. 그리고 박성동은 연구기획실장으로 전체 예산과 인공위성연구센터의 운영을 맡았다. 1999년 말 창업을 결정할 때, 박성동은 창업팀에 참여하는 대신 인공위성연구센터에 남아 창업팀의 안착을 지원하는 것으로 계획되었다.

앞서 언급했듯 회사가 설립되기 직전, 모두 '어떻게 먹고살 것인가'라는 현실적인 문제를 고민했다. 그나마 최순달 교수와 함께 기관 운영에 관련된 역할을 많이 했고, 사업을 가장 잘할 만한 사람으로 박성동이 지목받아 그는 자의 반 타의 반 창업 선발대로 나설 수밖에 없었다.

법인이 설립될 당시 우리나라에는 벤처 열풍이 불었다. 회사를 시작하자마자 어느 정도 자생력을 갖추었음에도 외부에서는 쎄트렉아이를 그냥 두지 않았다. 꽤 많은 수의 투자자가 당시 대표였던 유상근과 최순달 교수를 찾아왔다. 외부 투자에 대한 논의가 시작되면서 누가 앞으로 대표를 맡을 것인가를 두고 본격적으로 의견을 주고받았고, 회사로 나가기로 한 발기인 15명의 뜻을 모아 박성동이 대표를 맡기로 결정되었다. 유상근은 반도체 장비에 들어가는 노광기를 사업 아이템으로 독립하겠다는 결정을 하고 한비전을 설립하게 된다.

박성동은 의지와 무관하게 떠밀려 대표를 맡으면서 나머지 친구들에게 '딱 5년만'이라는 조건을 달았다. 마흔 이전이라면 어릴 때부터 꿈이었던 의사가 되어 20년은 의료 봉사를 갈 시간이 있다고 생각했기 때문이었다.

회사 설립 이후 몇 년간의 성과는 나쁘지 않았다. 2000년부터 2003년까지 4년 동안 연평균 60억 원 가까이 수주했고 매출도 지속적으로 증가했다. 그렇게 많지는 않더라도 시작한 해부터 꾸준히 수익을 내고 있었다. 첫해에 이미 회사로 이동할 친구들은 대부분 옮긴 상태였고, 2003년 말에는 전체 인원이 벌써 50명에 달했다. 하지만 RazakSAT 위성 개발 과정에서 발생한 기술적인 문제 때문에 회사 운영상 심각한 상황이 일어날 수 있다는 위험 신호가 나타났다. 결국 급속하게 줄어드는 현금 잔고 때문에 2005년에는 어쩔 수 없이 투자 유치를 결정하게 되었다. 박성동이 스스로 약속한 5년의 시간이 그렇게 지나가고 있었지만, 이런 때 회사를 그만두겠다는 이야기를 꺼낼 수는 없었다.

2004년부터 본격적으로 진행된 투자 유치 과정에서 KTB네트워크는 대표이사가 최대 주주가 되어야 한다고 요구했다. 그 때문에 미리 유상증자를 진행하고 일부 구주를 인수하면서 박성동이 최대 주주가 되었다. 뒤이어 2007년부터는 코스닥 상장을 위한 준비가 본격적으로 이루어졌다. 2006년 초 두바이로부터 위성 시스템 사업을 수주한 것을 포함해, 다행스럽게 회사의 재무 상황은 급격히 개선되기 시작했다. 2005년과 2006년에는 각각 103억 원과 351억 원의 신규 수주를 기록했다.

회사 상황이 좋아지면서 박성동은 '자칫 이러다가는 영원히 꿈을 포기하게 될 수도 있겠다'는 고민을 하게 되었다. 2006년 6월 7일, 박성동은 회사 경영진에게 대표이사를 그만두겠다는 의사를 표시했다. 모두 아연실색하는 표정이었다. 박성동은 몇 달간 말미를 주고 누가 후임을 맡을 것인지 뜻을 모아달라고 요청했다. 다른 경영진이 가진 지분만큼만 개인 지분을 가지고 나머지는 모두 후임 대표에게 물려주겠다고 했다.

경영진은 당시 부사장을 맡고 있던 대학 동기가 후임 대표를 맡기로 했다고 알려왔다. 그러던 중 후배 2명이 박성동을 찾아왔다. 박성동이 회사를 그만두면 자기들도 그만두겠다는 것이었다. 고민할 수밖에 없었다. 개인의 꿈을 위해 이만큼 공들여 키워온 팀을 깰 수는 없지 않을까? 며칠을 생각한 뒤 7월 12일 대표이사 사퇴 의사를 철회했다.

2007년 결산을 마무리하고 2008년 초 상장 예심 청구서를 접수했다. 상장 여부를 심사하는 거래소 심사팀에서는 처음 보는 사업 아이템에 당황하는 눈치였다. 인공위성을 파는 사업이 과연 영속성이 있는 것인지, 수주형 사업에서 후속 사업 수주에 실패하면 회사가 망할 수도 있는데….

심사팀 입장에서도 부담이 있었을 것이다. 그런데 다행히도 상장 심사가 한창 진행되던 기간에 두바이와 후속 사업 계약이 체결되었다. 계약 규모 3000만 달러. 2007년 말 200억 원이 넘는 수주 잔고를 갖고 있었고, 최소한 3년간 지속되는 사업을 신규로 계약하면서 이들의 걱정을 불식시킬 수 있었다.

2008년 6월 13일, 쎄트렉아이는 코스닥에 상장되었다. 이 일을 시작한 이유가 상장이 목표는 아니었지만, 상장은 스타트업에는 성인 자격증 같은 것이었다. 이제 고객들에게, 특히 국내 정부기관에 최소한 몇 년은 망하지 않을 거라는 일종의 확신을 줄 수 있게 되었다. 하지만 상장 이후에도 '과연 그동안 해왔던 만큼 잘할 수 있을까' 하는 두려움을 버릴 수 없었다. 이때까지는 쎄트렉아이가 만든 위성이 발사되어 성공적으로 운용된 것은 아니었기 때문이다.

상장 이후 2012년까지 회사는 꾸준하게 성장했다. 2008년 항공우주연구원과 중동에 설치될 아리랑 2호 직수신 시스템의 공급 계약을 했고, 튀르키예 후속 카메라 사업을 수주했다. 2009년에는 말레이시아 RazakSAT과 두바이 DubaiSat-1 위성이 성공적으로 발사, 운용되었다. 2010년에는 싱가포르 후속 위성 카메라 및 스페인 Deimos-2 위성 사업을 따냈다. 2011년에는 싱가포르 X-SAT과 튀르키예 RASAT 위성이 발사되어 카메라의 우수한 성능을 보여주었다. 그리고 2012년, 360억 원 매출에 당기 순익 48억 원을 기록했다.

2012년 12월 27일, 송년회 겸 2013년도 경영기획워크숍을 마치면서 당시 총괄 사업 부문장이었던 김병진 부사장이 신임 대표이사직을 맡게 된다는 것을 알렸다. 이미 경영진은 알고 있었지만 일반 직원들은 처음 듣는 소식에 적잖이 놀라는 모양이었고 송년회를 마무리하며 일일이 악수할 때 눈물을 글썽이는 친구들도 있었다. 상장 기업의 최대 주주라는 위치를 인위적으로 바꾸기에는 너무나 큰 손실을 감당해야 하기 때문에 지분에 대한 처리는 잠시 뒤로 미뤘다. 1990년대에 창업한 1세대 선배 벤처기업 가운데 좋은 사례를 참고하고 싶었지만 지금도 여전히 적당한 경우를 찾지 못했다.

당시 회사에 박성동과 동기로 남아 있던 사람은 김병진 부사장과 방사선 사업 부문을 맡은 장현석이었다. 장현석은 이후 분사해 나가 대표를 맡기로 예정되어 있었다. 2012년 9월 김병진에게 맨 처음 대표직을 맡아달라고 했을 때, 그는 농담처럼 받아들이며 심각하게 반응하지 않았다. 박성동이 설득했다.

"어차피 몇 년이 지나면 한참 어린 후배들이 회사를 이끌어 가야 하지 않겠어? 그때까지 내가 대표를 맡고 있다면 그들에게 어떤 가능성과 꿈을 보여줄 수 있겠나. 그들도 회사 대표가 될 수 있다는 걸 보여주고 싶다. 5년만 맡아줘."

김병진은 며칠만 고민해보겠다고 했다. 그리고 고맙게도 뜻을 수용해주었다.

2018년 12월 27일, 김병진은 6년간 맡았던 대표직을 한 해 후배인 김이을(당시 총괄 사업 부사장)에게 물려주었다. 2019년도 경영기획워크숍 때 김병진이 "전선으로 복귀합니다(Back to the frontline)"라며 인사를 마무리했고, 김이을은 "복귀를 환영합니다(Welcome back)"라고 응수했다. 더할 나위 없는 흐뭇한 모습이었다. 김병진은 2019년부터 미래기술연구소장 직책을 맡아 회사에서 가장 큰 프로젝트의 사업 책임을 수행하는 중이며 2022년부터 박성동에 이어 이사회 의장을 맡고 있다.

박성동이 2013년 1월, 대표직에서 물러나고 다이어리에 적은 글은 다음과 같다.

13년의 무거운 짐을 내려놓았다. 벌써 오래전에 했어야 할 결정이었던 것 같지만 이러저러한 이유를 핑계로 그러지 못했다. 그 무게감 때문이기도 하고. 그동안 나와 다른 방식으로 회사가 운영되는 것을 보고 싶기도 했고, 나보다 훨씬 뛰어난 능력을 가진 친구들에게 기회를 주고 싶기도 했다. 한편으로는 '너희들도 힘든 위치를 경험해보라'는 이기심의 발로였기도 한 것 같다. 내게 맞지 않는 옷이라는 생각을 너무나 오래전부터 해왔고, 처음에 다짐했던 '딱 5년만'이라는 뜻을 몇 차례 원치 않게 미뤘다. 회사를 제대로 된 기반 위에 올려놓고 물러나겠다는 고민 때문에 1년여의 시간이 더 지났고, 상장 직전에 내려놓으려는 시도도 눈에 밟히는 후배들의 만류로 접었다. 하지만 의외로 이번의 반란은 아무런 반감 없이 모두 당연하게 받아들였다.

늘 무대 위에서 내려올 때를 생각하며 지내왔다. 물론 나 혼자서 일궈낸 회사는 아니지만 구차한 상황에서가 아니라 떳떳하게 물려줘도, 다음 사람이 충분한 시행착오를 할 만큼의 종자가 확보된 좋은 때 물려주고 싶었다. 9월 말이었나…. 맨 처음 병진이에게 이런 제안을 했을 때 한 달만 생각하자고 했고, 꼬드김이었는지 스스로의 확신 때문이었는지 순순히 제안을 받아들이겠다고 했다. 2012년 송년회 끝에 전 직원에게 이러한 변화를 알렸다. 병진이의 첫 인사말은 감동적이었다.

"처음에 제안을 받고 고민했지만 회사 내에 있는 젊은 직원 가운데 아무도 회사의 사장이 되어보겠다는 꿈을 갖고 있지 않기에, 제안을 받아들였다. 언젠가는 여기 있는 젊은 친구들에게도 기회가 돌아갈 수 있다는 걸 입증해 보이기 위해서라도 박 대표의 제안을 받아들였다"고 했다. 음…. 당연, 공감 백배. 역시….

앞으로의 내 역할에 대해서 고민스러웠다. 완전히 회사의 일상에서 손을 떼는 편이 바람직할 것 같기는 했으나 갖고 있는 회사의 지분이라는 무게는 내가 마음대로 선택할 수 있게 내버려두지 않았다.

내가 천명한 새로운 역할의 범위는 다음과 같았다. 회사의 일상적인 운영에는 관여하지 않는다. 다만 신임 사장이 도움을 요청하면 기꺼이 응하고 할 말이 있으면 사장에게만 전한다. 그리고 새롭게 론칭되는 영상 서비스 사업에 집중하고 회사의 새로운 먹거리를 개발하도록 한다. 내가 아니면 할 수 없는 일, 그동안의 과거 때문에라도 나만이 할 수밖에 없는 대외적인 일들로 역할을 제한한다. 불필요한 잔소리를 하지 않고 새로운 사장을 나무 위에 올려놓고 흔드는 짓은 절대 하지 않겠다는 다짐을 했다.

연말 휴가 기간에 개인 물품을 옆에 있는 작은 사무실로 옮겼다. 시원섭섭하다는 표현이 적당한 것 같다. 한편으로는 이사하는 모습을 다른 사람들에게 보여주고 싶지 않았다. 왜였을까? 마지막 짐을 나르면서 내 뜻을 적은 메모 한 장을 병진이의 책상 위에 올려두었다. 오랫동안 가지고 있던 계영배와 스테인리스 자와 더불어. 계영배는 항상 지나치지 말라는 뜻에서, 그리고 스테인리스 자는 회사의 대표로서 구성원 모두에게 같은 기준으로 대하라는 뜻에서….

새해가 시작되고, 이성대 부사장 옆방에 기거하며 수시로 영상 서비스 사업 부문에 마련한 책상을 오갔다. 새로운 변화에 스스로를 적응시키기 위해 애썼다. 그러다 화장실을 다녀오면서 무의식적으로 예전 사무실 쪽으로 걸음을 옮기는 나를 발견했다. 습관이 무섭다는 걸 인지하면서 자리를 완전히 옮겨야겠다는 생각을 하게 되었다. 곧바로 컴퓨터를 들고 새로운 사무실로 갔다.

약 2주가 지나고 나자 과거에 회사를 처음 시작할 때의 느낌을 받게 되었다. 직원들과 부대끼는 것도 그렇고 일하는 자세도 그랬다. 회사 운영과 관련된 직접적인 결정을 가급적 하지 않기 위해서도 애를 썼다.

항공우주연구원을 비롯해 주변 사람들이 나의 신변에 변화가 있다는 것을 인지하기 시작했다. 물론 스스로 알리기도 했지만 소문의 힘이 무섭다는 걸 새삼 느꼈다. 외부 사람들은 어떤 반응을 보일까, 아니 내부 사람들은 나의 결정을 어떻게 받아들이고 있을까 궁금했다. 하지만 확인하지 않기로 했다. 그건 앞으로 내가 어떻게 행동하느냐에 따라 달라지는 것이지 내가 무슨 의도로 그런 결정을 했느냐는 전혀 중요하지 않기 때문이다.

회사를 처음 시작하고 나서 첫 수주를 할 때까지의 조바심을 다시 느낀다. 늘 잘해야 하고 모범적이어야 한다는 부담 역시 느낀다. 물론 과거만큼은 아니겠지만 새로운 사업이 제대로 자리를 잡도록 해줘야 한다는 스스로에게 지운 강압은 쉽게 떨쳐낼 수가 없다.

오래전부터 내가 칭찬에 목말라 있다는 생각을 종종 했다. 조직 분위기나 가정 분위기나 칭찬에 인색한 것 같다는 생각. 확인하고 싶다는 욕심. 하지만 어차피 모든 것을 내려놓기로 마음먹은 이상, 그런 데서 벗어나기 위해 나름 노력해보고자 한다.

03

지구 관측 영상 데이터의 시대

2011년 초 경영기획워크숍에서 2015년 중기 전략 목표를 'S2I(Sensing to Information)'로 정하고 위성 영상 서비스 사업을 추진하기로 결정했다. 당시 네 가지 역점 사업이 제시되었는데 첫 번째가 해외 위성 사업 매년 1기 수주, 두 번째가 군 소형정찰위성 및 통신위성 사업 수주, 세 번째가 국내 후속 위성 지상국 독점적 지위 유지 그리고 네 번째가 위성 영상 활용 서비스 사업이었다. 아리랑 위성 영상 판매를 근간으로, 쎄트렉아이가 외국에 공급한 위성들로부터 영상 판매권을 가져와 본격적으로 사업화하겠다는 의도였다.

최순달 교수는 영국으로 유학생을 파견할 때부터 지구관측위성 영상을 활용하는 원격탐사에 관심을 가지고 있었다. 1989년과 1990년에 인공위성 제작 기술 습득을 목적으로 영국 서리대학에 1차 유학을 보낸 이후,

1991년에 2차로 런던대학에 유학을 보낸 팀들의 주 목표는 위성 영상처리 기술을 배우는 것이었다. 이를 위해 김태정(현 인하대학교 교수), 신동석(현 쎄트렉아이 지상 사업 부문장), 이임평(현 서울시립대학교 교수), 김승범(현 JPL 연구원)이 파견되었다. 1993년부터 유학을 간 이준호(현 공주대학교 교수), 김도형(현 쎄트렉아이 사업개발실장), 양호순(현 표준연구원 책임연구원)에게는 우주용 카메라 기술을 배워 오도록 했다.

우리별 3호를 개발하던 1990년대 후반에 인공위성연구센터 원격탐사실로 조직된 인원이 아리랑 1, 2호 위성 영상 수신 처리 지상국을 개발했다. 현재 쎄트렉아이 지상 사업 부문의 핵심 인력들이 바로 원격탐사실 출신이다. 박성동은 원격탐사실을 처음 만들 때 실장을 역임했지만, 우리별 3호 개발이 본격화되고 김태정, 신동석, 박원규(현 쎄트렉아이 방산 사업 부문장) 등이 귀국하면서 위성 개발 쪽으로 복귀했다.

1999년에 발사된 아리랑 1호의 위성 영상 판매는 한국항공우주산업(Korea Aerospace Industries, KAI)이 담당했는데, 2001년 아랍에미리트에 150만 달러 규모를 수출한 적이 있었다. 이때 쎄트렉아이는 아리랑 1호 직수신 시스템에 들어가는 하드웨어와 소프트웨어 일부를 공급했다.

1999년 9월 미국의 상용 지구관측위성 IKONOS-1이 발사되면서 그동안 경험하지 못했던 고해상도 위성 영상이 등장했고, 지구 관측 시장은 일대 혁신을 겪게 되었다. 이전까지는 군용 정찰위성으로만 활용되던 기술들이 1994년 3월 미국 대통령 훈령 23호에 의해 상용화가 허용된 것이다. IKONOS 위성은 록히드 마틴을 중심으로 한 스페이스이미징

(Space Imaging)에서 상용화했고, 2001년 10월에는 볼에어로스페이스(Ball Aerospace)가 주도한 디지털글로브(Digital Globe)가 QuickBird 위성을, 2003년 6월에는 오비털사이언스코퍼레이션(Orbital Science Corporation)이 주도한 오르비이미지(OrbImage)가 OrbView-3 위성을 발사함으로써 지구 관측 분야에 새로운 전기가 마련되었다. 이들 위성이 올라가기 전까지만 하더라도 기껏 해상도 10미터가 최고의 상용 위성 수준이었던 걸 감안하면 해상도 1미터 위성의 출현은 지구 관측 시장에 새로운 패러다임을 예고한 것이었다.

2006년 7월에 발사된 해상도 1미터 아리랑 2호의 위성 영상은 프랑스 스폿이미지(SPOT Image, 현 Airbus D&S)가 한반도, 미국, 중동을 제외한 곳의 영상을 판매하고, 나머지 지역은 한국항공우주산업이 판매를 대행했다. 스폿이미지는 SPOT 위성의 운용과 상용화를 위해 1982년에 설립된 회사로, 지구관측위성 영상 판매 시장에서 미국 회사 다음으로 시장점유율이 높았다.

항공우주연구원과 아리랑 2호 영상 판매를 위한 계약을 체결할 당시 스폿이미지의 최신 위성은 SPOT-5였는데 최고 해상도는 2.5미터였다. 이후 2012년과 2014년에 SPOT-6와 SPOT-7을 발사하는데, 두 위성의 최고 해상도는 1.5미터였다. 아리랑 2호 영상 판매는 대만, 아랍에미리트,

---

지금은 스페이스이미징, 오르비이미지, 디지털글로브 세 회사가 디지털글로브로 합병되었다가 다시 맥서(MAXAR)로 이름이 변경되었다.

그 무렵 미국에서는 스페이스이미징, 오르비이미지, 디지털글로브가 해상도 1미터 위성 영상을 판매하고 있었다.

유럽 우주청에 2200만 달러 상당의 직수신권과 약 26억 원의 개별 영상 판매 실적을 달성한 것으로 보도되었다.

쎄트렉아이가 아리랑 위성 영상 판매를 대신하겠다고 항공우주연구원에 제안하게 된 배경은 프랑스 스폿이미지가 자국 위성의 영상 판매를 위해 아리랑 2호를 적극적으로 홍보하지 않았다는 점이었다. 몇몇 국가를 제외하고는 아리랑 2호 영상을 구매할 수 있다는 사실조차 인지하지 못할 정도였다. 아리랑 3호와 5호 발사를 앞두고 2012년 3월, 항공우주연구원에서는 위성 영상 판매 대행사를 선정하기 위한 RFP(제안 요구서)를 공고하는데, 이때 최소 판매 보증금을 요구했다. 이는 판매 대행사가 실제 매출액과 무관하게 최소한의 수익을 항공우주연구원에 보증해야 한다는 의미다.

이미 1미터 해상도의 지구관측위성이 꽤 많이 운용되는 상황에서 각각 25퍼센트의 시장을 점유하던 지오아이(GeoEye, 스페이스이미징과 오르비이미지의 합병 회사)와 디지털글로브나, 19퍼센트의 시장점유율을 가진 아스트리움지오인포메이션서비스(Astrium GEO-Information Service, 구 스폿이미지)의 입장에서는 최소 판매 보증금을 지불할 의사가 전혀 없었을 것이다. 결국 쎄트렉아이만 단독으로 제안서를 제출했고, 2012년 11월 최종 계약을 하게 되었다.

이러한 제안 작업을 포함해 2013년에 정식 조직화된 영상 사업 부문은 김문규가 맡았다. 김문규는 유학에서 돌아온 이후 아리랑 위성 수신 처리 시스템 개발을 담당했고, 이 사업 직전까지 스페인 위성 Deimos-2 사업 책임으로 일했다. 영상 사업 부문이 물적 분할 방식으로 별도의 회사로서 분리되어 나간 것은 2014년 4월이었는데, 김문규가 대표를 맡고 최욱현과 홍민녀를 포함해 사업 부문 인원 전체가 새로 설립된 회사로 이동했다. 최욱현과 홍민녀는 최초 쎄트렉아이를 창업할 때도 7인의 선발대에 포함되었던 사람들이다. 이 회사의 이름은 SIIS(SI Imaging Services)로 정했다.

2013년부터 정식으로 아리랑 위성 해외 판매 사업권을 가지고 관련 학회나 전시회는 모두 쫓아 다녔다. 그러나 결과적으로는 스폿이미지가 그동안 아무런 홍보나 마케팅을 하지 않았으리라는 추측을 확인하는 것과 소개 자료를 뿌리는 수준 이외에는 할 수 있는 게 별로 없었다. 위성 영상의 수요자가 대부분 정부기관이고, 이들이 구매를 하기 위해서는 1~2년 전에 미리 예산으로 반영해둬야 하기 때문이다. 생각해보면 스폿이미지는 아리랑 2호 해외 판매 대행사 역할을 하면서 항공우주연구원과 계약상 약속된 보증 금액 이상으로 영상을 팔 이유가 없었다. 1미터 해상도의 영상을 적극적으로 영업하다 보면 스폿이미지가 보유한 그보다 낮은 해상도의 위성 영상 판매가 부진해질 수밖에 없기 때문이다.

SIIS는 2014년 법인 설립 이후 2017년 말까지 계속 적자 상황이었으나 2018년에 처음으로 흑자 전환했고, 2018년부터는 매년 10억 원 내외의 영업이익을 창출하고 있다. 이처럼 손익분기점 달성이 늦어진 이유는 미국의 맥서(지오아이와 디지털글로브의 합병 회사)와 에어버스디앤드에스(Airbus D&S, 구 아스트리움)라는 절대 강자가 전체 위성 영상 시장의 75퍼센트를 점유하고 있고, 맥서가 공급하는 GeoEye-1, WorldView-1, 2, 3, 4 위성과 에어버스가 공급하는 Pleiades-1, 2, TerraSAR-X, TanDEM-X 위성이 아리랑 위성들에 비해 우수한 성능을 가졌기 때문이었다. 과거 스폿이미지가 해외 영상 판매를 대행하던 시절 아리랑 위성의 홍보에 인색했던 상황도 하나의 이유가 될 수 있을 것이다.

SIIS는 광학위성인 아리랑 2호, 3호, 3A호와 레이더위성인 아리랑 5호 외에도 쎄트렉아이가 두바이와 스페인, 싱가포르에 공급한 DubaiSat-2, Deimos-2, TeLEOS-1 위성 영상도 함께 판매한다. 그리고 고객이 원하는 특정 일자에 특정 지역을 촬영한 위성 영상을 원하는 처리 수준으로 단순 공급하는 것 외에도, 고객이 직접 영상을 수신하여 처리할 수 있는 지상국을 제공하기도 한다.

보통 지구관측위성의 영상을 활용하는 국가에서는 독자 위성을 보유하기에 앞서 외국의 지구관측위성을 소규모 예산으로 구입해 활용하다가 직접 수신 가능한 지상국을 갖추고, 이후 독자 위성을 확보하는 단계로 진화한다. 쎄트렉아이 입장에서는 SIIS를 통해 잠재적인 지구관측위성 구매 고객을 미리 파악할 수 있고, SIIS 입장에서는 쎄트렉아이 지상 사업 부문으로부터 위성 영상 수신 처리에 관한 기술 지원을 받을 수 있으므로 서로 시너지 효과를 극대화한다는 장점이 있다.

SIIS는 2013년 영상 서비스 사업을 시작한 이래 공급망 확대를 위한 노력을 꾸준히 해왔으며 2021년 말 기준, 65개국에 150여 개의 리셀러를 보유하고 있다. 2019년에 외부 투자를 유치하여 위성 영상 플랫폼을 구축하기 위한 준비를 시작했다. 그리고 쎄트렉아이의 또 다른 자회사인 SIA 와도 인공지능 기술을 이용하여 위성 영상의 효용성을 증대시키는 부가 서비스 개발에 노력을 쏟고 있다.

지구 관측 데이터 시장은 뉴스페이스의 트렌드를 타고 급격한 변화가 이뤄지는 중이다. 기존의 강자들 외에, 실리콘밸리가 중심이 되어 저렴한 소형 지구관측위성을 수백 개 발사했고 원하는 지역을 보다 자주 촬영 가능한 서비스를 제공한다. 시장 규모는 2001년 3억 달러 미만에서 2019년에는 30억 달러로 성장했고, 2025년에는 57억 달러, 2040년에는 3000억 달러로 커질 것으로 예상된다(미국 위성산업연합 발표 기준). 갈수록 시장의 경쟁 강도가 높아지면서 SIIS도 생존을 위한 피나는 노력을 할 수밖에 없을 것이다.

04

지구의
방사선을 읽다

우리별 1호부터 과학기술위성에 이르기까지 인공위성연구센터가 만
든 모든 위성에는 우주 방사선 환경을 모니터링할 수 있는 장치가 탑재
되었다. 우리별 1호에는 반도체소자에 미치는 우주 방사선의 영향을 평
가하기 위한 목적으로 우주입자검출기(Cosmic Particle Experiment, CPE)
와 총 조사량 측정기(Total Dose Experiment, TDE)가 들어갔다. 그 가운데
TDE의 운용 결과가 우리별 위성 프로그램에서 처음으로 SCI논문에 게재
되었다.

우리별 2호에는 그에 덧붙여 저에너지전자검출기가 실렸고, 우리별 3호
에는 좀 더 체계적으로 우주 환경을 감시하기 위한 우주과학용 실험 장치

YH Shin, KW Min, JG Rhee, DH Lee, SH Kim, HS Kim, SD Park, DK Sung, and SD Choi, "Analysis
of Anomalous TDE Data on-board the KITSAT-1", *IEEE Transaction on Nuclear Science*, Vol.
46, No. 6, December 1999.

가 탑재되었는데 고에너지입자검출기, 반도체소자에 대한 방사능 영향 측정기, 지자기측정기, 전자온도검출기로 구성되었다. 이러한 실험 장치 는 아리랑 1호에도 유사한 형태로 탑재되었다. 아리랑 1호에 실린 장치 가 운데 유일하게 우리나라에서 독자적으로 설계, 제작된 것이었다.

태양풍이나 우주에서 날아오는 고에너지입자는 지구 주변에서 운용되 는 위성들에 때로는 심각한 문제를 일으키기도 한다. 그래서 모든 나라가 우주개발 초기부터 지구 주변의 우주 방사선 환경에 대한 지속적인 연구 를 하고 있었다.

쎄트렉아이는 2002년 한국천문연구원으로부터 환경방사선감시기 개 발 제안을 받았다. 우주방사선감시기와 달리 환경방사선감시기는 우리 가 사는 일상 환경에서의 방사선 총량을 측정하는 센서다. 자연 방사선 기여분과 인공 방사선 기여분을 구별할 뿐만 아니라 총 선량 중 우라늄, 토륨, 칼륨 등 각 방사선 핵종별로 기여분을 구분해 정량화할 수 있는 장 치다. 이러한 기능을 이용하면 원자력발전소 주변에서 방사선 선량이 증 가할 때 자연 방사선과 인공 방사선을 구별 가능해 원자력발전소에서 발 생한 사고 때문인지의 여부를 신속히 판단할 수 있다.

그동안 전량 수입에 의존했던 방사선감시기의 국산화를 위해 원자력 실용화개발사업의 일환으로, 2002년 7월부터 원자력안전기술원, 한국천 문연구원과 공동으로 환경방사선감시기를 개발하여 2004년 1월에 상용 화하게 되었다. 당시 첫 제품을 원자력안전기술원에 설치했더니 원장이 직접 와서 보고는 '기능은 둘째 치고 디자인이 아닌 것 같다'는 의견을 주었다. 곧바로 카이스트 산업디자인학과 남택진 교수를 찾아가 상의했고, 새로운 디자인의 제품을 곧바로 출시하게 되었다. 기존에 설치된 제품을 교체하자 반응이 완전히 달라져, 덕분에 디자인의 중요성을 인식하게 되었다. 새롭게 디자인된 환경방사선감시기는 같은 해 9월 오스트리아 비엔나에서 개최된 국제원자력기구(International Atomic Energy Agency, IAEA) 총회에 전시되었고 주목을 많이 받았다.

이렇게 상용화된 방사선감시기는 2005년 2월 우리나라 국가환경방사선 감시망에 최초 4기가 설치된 것을 시작으로 다양한 형태의 파생 제품으로 확대되고 있으며 2021년 말 기준, 총 130기 이상이 운용 중이다. 또한 2006년 말레이시아를 비롯해 중국(2007년), 카타르(2008년), 태국(2009년), 필리핀(2013년), 베트남(2015년), 싱가포르(2017년)로 수출되었다. 이들 국가 중에는 원자력발전소가 운용되지 않는 곳도 있는데, 예를 들어 말레이시아에서는 주석 같은 천연 광물질의 처리 과정 중 발생하는 자연 방사능 물질을 감시하기 위한 목적으로 사용된다.

2006년 10월 9일 월요일 오전 10시 30분, 북한이 처음으로 핵실험을 했다. 그 뒤 다양한 곳으로부터 연락을 받았다. 쎄트렉아이의 환경방사선감시기를 이용해 북한의 핵실험 여부를 알 수 있는지, 유출된 방사선을 측정할 수 있는지를 문의하는 것이었다. 쎄트렉아이가 개발한 감시기는 방사능 물질이 붕괴될 때 방출되는 감마선 스펙트럼을 분석하여 변화된 방사선 총량에서 우라늄 성분 이 있는지를 알아낼 수는 있지만, 함경북도 풍계리까지의 거리를 감안하면 가능성은 희박했다. 하지만 보유한 장비와 부품을 급히 조립해 10월 15일에 2대를 강원도 고성의 통일전망대와 인천 공항에 설치했다. 결과적으로 유의미한 데이터를 얻지는 못했지만 이후 휴전선 인근에 3대의 환경방사선감시기를 설치하게 되었다.

2011년 3월 11일에는 일본 도호쿠 지방을 관통한 대규모 지진과 그로 인한 쓰나미로 후쿠시마 원자력발전소에서 사고가 발생했다. 이 때문에 후쿠시마에서 방사선 선량률(시간당 방사선의 양)을 측정하던 무인 장비들은 침수 또는 전력 차단으로 작동하지 않는 상황이 되었다. 따라서 우리나라를 비롯한 다른 나라들은 일본으로부터 공식적으로 전달되는 (파견 인력에 의해 현장 측정된) 선량률 정보에 의존하여 사태를 파악할 수밖에 없었다.

이런 상황에서 쎄트렉아이는 정부에 '후쿠시마 원전 관련, 현지 대기 방사선 정보 확보 방안'을 제안했다. 당시 시오카마에서 활동하던 119구조대를 포함하여 재외국민의 보호 및 현지 선량 정보를 확보하기 위한 수단으로, 파견된 119구조대 또는 원자력 전문가를 활용하여 감시기를 현지에 설치하자는 것이었다.

당시 우리나라에는 일본과 가장 가까운 울릉도에 설치된 감시기가 있었지만, 핵종 식별이 불가능한 총 선량 계측용 장비만 있었기 때문에 방사선의 증감은 파악이 가능해도 그 원인이 되는 핵종은 구분할 수 없었다. 당시 제안했던 설치 장소는 울릉도를 포함하여 도쿄 소재 주일 한국대사

원자탄을 시험한 것이라면 농축우라늄을 원료로 사용하게 되고, 우라늄으로부터의 방사선이 방출된다.

관, 119구조대와 함께 원자력안전기술원에서 전문가가 파견되었던 센다이 근교 이오카마 등이었다. 하지만 안타깝게도 이 제안은 받아들여지지 않았다.

당시 환경방사선감시기 사업을 담당하던 임태형은 2011년 7월 대전시 지원으로 일본 후쿠오카에서 개최된 2011년 '먼슬리마켓' 전시회에 참여 했는데, 그때 쎄트렉아이가 개발한 계측기를 휴대하고 후쿠시마 지역 1차 탐사를 직접 수행했다. 그리고 2013년 9월, 1차 탐사 데이터의 신뢰성 확 보와 2년간의 변화를 확인하기 위한 목적으로 2차 탐사를 했다. 도쿄 지역 에서 1차 탐사에는 나오지 않은 방사성 세슘(Cs-137과 Cs-134)이 2차 탐사에 서 검출되었다. 후쿠시마에서는 총 선량률이 1차에 비해 2분의 1 내외로 감소했다. 사고 이후, 반감기가 짧은 아이오딘(I-131)은 방사성붕괴에 의해 흔적을 찾기 힘들었지만 반감기가 긴 방사성 세슘은 최댓값이 줄어들기는 했지만 여전히 관측되었다.

2011년 말에는 우리나라에서도 방사능 폐기물로 인한 논란이 사회적 인 이슈가 된 적이 있었다. 서울 노원구 월계동 일대 도로에서 측정된 방 사선 때문이었다. 방사선은 원자력발전소의 사고뿐만 아니라 폐기된 방 사능 물질을 제대로 관리하지 못하는 경우에도 문제가 될 수 있다. 우주 나 태양으로부터 날아오는 우주 방사선이나 토양 성분처럼 자연적으로 존재하는 방사능 물질로부터도 방사선이 방출된다. 비 오는 날은 대기 중 에 섞여 있던 방사능 물질이 씻겨 내려와 방사선감시기의 총 선량률을 갑 자기 증가시키기도 한다. 이 때문에 총 방사선 선량률을 증가시키는 선원과 핵종을 구분하는 일은 큰 의미가 있는 것이다.

　중국은 급격하게 늘어난 전력 수요를 감당하기 위해 동쪽 해안에 수많은 원자력발전소를 운용한다. 게다가 2021년 3월 보도 내용에 따르면 해상 원전을 개발하고 있는데, 일본보다 정보를 더 통제하는 중국에서 사고가 발생하면 우리나라 전역이 직접 피해의 대상이 될 수 있다. 따라서 조기 경보 체제를 갖추는 방법이 반드시 고려되어야 할 것이다.

　환경방사선감시기 사업을 담당하던 방사선 감시 사업 부문은 회사 설립 당시부터 가지고 있던 '핵심 우주 사업만 남긴다'는 원칙에 따라 2015년 4월 쎄트렉아이에서 물적 분할을 거쳐 별도의 회사(에스아이디텍션)로 독립했다. 현재는 장현석 대표가 쎄트렉아이의 지분을 인수하여 책임 경영을 하고 있다.

05

인공지능을
인공위성에

인공지능이 우리나라에서 큰 관심을 받게 된 계기는 2016년 이세돌과 알파고의 바둑 대결 때문이었지만, 딥러닝으로 대표되는 AI 기술을 인공위성에서 촬영된 영상에 접목하는 시도는 2013년부터 이뤄졌다. 회사에서는 창업 이후 대표적인 지구관측위성 관련 학회에 꾸준히 참가했는데, 2013년부터 AI라는 키워드가 심심찮게 언급되고 있었다.

박성동이 위성 영상 활용에 AI 기술을 접목해야겠다고 결정한 시점은 2016년 캐나다 위성 기업 MDA에서 개최한 EOBN(Earth Observation Business Network) 행사에 참석하고 나서였다. 위성 영상에 AI 기술을 더해서 사업을 하겠다는 취지로 설립된 대표적인 미국 스타트업인 오비털 인사이트(Orbital Insight)와 옴니어스(OmniEarth)의 CEO를 만나 사업 협력을 논의했다. 이때의 의도는 SIIS가 사업권을 가진 아리랑 위성 영상에 이들 두 회사의 AI 알고리즘을 얹어 국내에서 부가 서비스를 하겠다는 것이었다.

수차례 회의와 데모를 해보았지만 별로 신통치 않았다. 이들도 아주 초기 단계였고, 그렇다면 국내에서 새로 시작해도 가능하지 않을까라는 생각도 들었다. 마침 항공우주연구원의 김홍배 박사가 AI와 관련한 각종 논문과 외국의 연구 사례 등 여러 가지 유용한 내용을 페이스북에 올리고 있었다. 이에 그를 만나 나아가야 할 방향에 대해 여러모로 자문을 구했다. 김 박사는 확신에 차 있었지만 당시 항공우주연구원 내에서 그에게 동조하는 사람은 거의 없었다. 정부출연연구소 특성상 과제화되지 않은 연구를 수행하는 일은 연구원 개인이 지극히 관심이 높지 않으면 불가능한 게 현실이다.

박성동은 AI와 딥러닝에 관한 책을 읽고 오프라인 모임과 온라인 활동에 참여하며 우리나라 AI 분야의 신진 리더들을 탐색해나갔다. 당시 캐나다 워털루대학에서 공부하던 엄태웅(현 ART Lab 대표), 서울대학교 대학원생이었던 김지원(현 SKT-Brain 상무), 전자통신연구원 연구원이던 이정원(현 페블러스 공동 창업자), 카이스트를 졸업하고 삼성전자에 있던 민현석(현 토모큐브 연구소장), 홍콩과학기술대학 교수로 재직 중이던 김성훈(현 업스테이지 대표), 카카오브레인 연구소장으로 있던 김남주, 광주과학기술원 대학원생이던 전태균 등이 주 만남 대상이었다.

2016년 8월 전태균은 '딥러닝을 이용한 위성 해상도 향상'이라는 주제로 세미나를 했는데, 쎄트렉아이에는 매우 흥미로운 주제였다. 소형위성에서 촬영한 영상의 해상도를 딥러닝 기술로 향상시킬 수 있다면 그 파급력이 엄청나기 때문이다. 세미나를 마치고 같이 저녁 식사를 하러 회사 문을 나서는데 "아내가 이 앞에 있는 엑스포아파트 전세가를 알아보더라고요"라며 천연덕스럽게 이야기했다. 학위를 마친 뒤, 앞으로의 계획을 물었더니 이곳에서 일하고 싶다는 것이었다.

2주 뒤 임원 면접을 진행하면서 의기투합하기로 뜻을 모았다. 면접일 직전에 전 박사는 '전태균과 쎄트렉아이가 손을 잡고 새로운 위성 영상 분석 시장 개척'이라는 주제로 구체적인 입사 의사와 본인이 성취하고자 하는 것, 그리고 회사에 바라는 사항을 정리해서 보내왔다.

전 박사는 학위를 마치고 2016년 9월 19일부터 회사로 출근했는데 다른 부서에 배치하지 않고 박성동의 사무실에 책상을 마련했다. 창업 1년 뒤부터 줄곧 혼자서 사무실을 쓰다가 누군가 같이 있는 게 편치는 않았지만, 3개월 남짓 서로를 이해하고 앞으로의 계획을 수립하는 데 요긴한 시간이었다.

박성동과 전태균은 1년 뒤 창업을 전제로 팀 빌딩을 시작하여 연말에 구자명을, 3월에는 최정열을 채용했다. 그 뒤 2명의 신진 연구원을 더 뽑으면서 5명의 팀이 구성되었다. 그리고 박성동에게 AI의 불을 지핀 김홍배 박사가 2017년 7월부터 공공연구기관 연구인력기업파견사업으로 팀에 합류하여 1년간 기술 트렌드를 조사하고 자문 역할을 해주었다.

박성동은 6명으로 구성된 이 조직을 신기술개발팀으로 체계화하고 전태균 박사를 팀장으로 임명했다. 이 팀에 부여한 임무는 '전쟁 징후를 3개월 전에 예측하자'였다. 의도는 영상뿐만 아니라 경제 지표, 교역 상황, 작황 및 수확 등 다양한 정보를 통합하여 북한의 상황을 전방위적으로 분석하고, 국지 도발을 포함한 잠재적 위기 상황을 예측하는 데 AI 기술을 적용하자는 것이었다. 이러한 궁극적인 목적을 달성하기에 앞서, 우선은 위성 영상으로부터 민감한 물체를 검출, 분류하고 변화를 탐지해내는 알고리즘을 개발하는 쪽으로 목표를 정했다.

2018년 7월, 신기술개발팀을 자회사 SIA(SI Analytics)로 독립시키고 전태균이 대표이사가 되었다. 이 무렵 위성 영상에 AI 기술을 접목해 부가 서비스를 만들어내는 일은 국내에서 전혀 시도된 바가 없었다. 그렇지만 AI 기술을 기존 산업에 적용하거나 이를 활용해 새로운 산업을 창출하기 위해 많은 스타트업이 설립되었고 대부분이 엄청난 규모의 투자를 유치했다.

AI 분야 커뮤니티는 다른 곳보다 훨씬 개방적이었다. 주말에도 서울 구글캠퍼스 같은 데 모여서 자신이 개발한 것들을 가감 없이 소개하고 피드백을 받는 모습이 매우 인상적이었다. 이런 오픈 이노베이션이 가능했기 때문에 결과적으로 기술의 진보와 빠른 확산이 이루어진 게 아닐까 생각했다.

그때 결정하지 않았더라면, 지구관측위성 시장의 가치 사슬에서 중요한 부분을 놓치는 결과를 초래했을 것이다. SIA는 AI 알고리즘 개발에 필

이를 위해 공군 37전대장과 합참정보본부 정보계획처장을 역임한 송영훈 장군과 정보사령부에서 위성 영상 판독 업무를 담당하다가 전역한 이일원 준위를 영입함으로써 군이 영상 정보를 어떻게 취득하고 활용하는지, 판독관들의 애로 사항을 어떻게 해결해주어야 할지 파악 가능한 최소한의 인력 구성이 가능해졌다.

요한 연료라고 할 수 있는 데이터에 학습을 위한 라벨링을 담당하는 라벨팀과 AI 알고리즘을 개발하는 연구팀, 실제 현업에 적용하는 개발팀으로 구성되어 있고, 총 70여 명의 조직으로 발전했다. 또한 2019년 말 200억 원의 기업 가치로 20억 원의 투자를 받았고, 2021년에는 500억 원의 기업 가치로 100억 원의 투자를 유치했다.

2020년 1월, 미국 정부는 AI 기반의 영상 분석 소프트웨어에 대한 수출을 법으로 금지했다. 좀 더 서둘러야 했는데 싶은 아쉬움은 있지만, 그나마 그때라도 시작한 것은 현명한 선택이었다.

06

다시,
새로운 출발

2021년 1월, 한화그룹의 항공, 방산 부문 계열사인 한화에어로스페이스가 인공위성 전문 기업 쎄트렉아이의 지분을 인수하기로 했다는 공시가 나왔다. 한화에어로스페이스는 쎄트렉아이 발행주식의 20퍼센트 수준(약 590억 원)을 신주 인수하고, 전환사채(500억 원) 취득을 통해 최종적으로 약 30퍼센트 지분을 확보하기로 했다. 한화에어로스페이스는 최대 주주로 올라서지만 쎄트렉아이의 독자 경영을 보장하기로 했다. 당시 쎄트렉아이 이사회 의장이었던 박성동은 이렇게 말했다.

현재 50대 중반이 된 창립 멤버들이 향후 은퇴하더라도 회사가 흔들리지 않고 영속할 방법을 찾다가 우주산업에 대한 의지가 있는 한화의 투자를 받기로 결정했다. 한화에서 들어오는 1000억여 원을 활용해 위성을 기반으로 한 새로운 산업을 개척할 계획이다.

　위성을 계속 만들겠다는 일념으로, 어떻게 보면 떠밀려서 새로운 출발을 하게 된 지 21년 만에 쎄트렉아이는 다시 새롭게 시작하게 되었다. 직원 25명으로 시작한 회사는 약 400명으로 성장했고, 2020년 매출 892억 원, 영업이익 137억 원을 기록했다. 이번에는 떠밀린 것이 아니라 적극적인 선택으로 하게 된 새로운 출발이었다.

　쎄트렉아이는 해외로 인공위성을 수출하는 독보적인 성과를 거두었지만, 국내에서는 아리랑 3A호 본체 국산화 기업 선정과 국방부의 425 사업 수주에 실패하는 좌절을 겪었다. 쎄트렉아이가 한화와 함께하겠다고 결정한 데는 이런 실패의 경험도 중요한 역할을 했다. 박성동은 한화로부터 투자 유치가 확정된 직후 쎄트렉아이 전 직원에게 자신의 뜻을 전하는 편지를 보냈다.

　여러분 각자에게 쎄트렉아이가 나름의 큰 의미를 가진 곳이라 믿습니다. 여러분 중 많은 분은 쎄트렉아이의 공동 창업자로서, 설립부터 지금까지 모든 정열을 바쳐 회사에 기여해오셨습니다. 쎄트렉아이는 여러분의 모든 것, 그 자체일 겁니다.

　여러분 중 몇몇은 다른 곳에서 직장 생활을 했지만 이제까지 중 가장 긴 재직 기간을 경험하고 계실 것이고, 어쩌면 쎄트렉아이가 평생에 가장 오래 몸담은 회사가 될 분들도 계시겠지요. 그렇다면 쎄트렉아이는 여러분의 인생에 종점이 되고, 이곳에서 직장 생활을 마무리하겠다고 다짐하셨을 겁니다.

또 많은 분들은 학업을 마치고 첫 직장으로 쎄트렉아이를 선택해주셨습니다. 인공위성이나 우주가 여러분의 삶에서 가장 중요한 부분을 차지하게 되었겠지요. 쎄트렉아이는 여러분의 배우자와 같은 대상이고 여러분의 열정을 불러내는 근원일 겁니다.

여러분, 저에게는 쎄트렉아이라는 이름보다는 우리가 무엇을 하는 사람들이며, 왜 이 일을 하고 있느냐가 더 중요합니다. 지금으로부터 30여 년 전, 20대에 '우리나라의 우주 기술 독립'이라는 명령을 받고 일을 시작한 이후로 한 번도 제 삶의 목적이 바뀐 적은 없었습니다. 인공위성연구센터에서의 시간에서 쎄트렉아이에서의 시간으로, 장소만 바뀌었을 뿐이었지요.

저는 이번 선택이 세상과의 타협이 아니라고 굳게 믿습니다. 여러분과 제가 동일한 목표를 공유한다는 가정 아래 저는 우리의 선택이 우리가 최초 목적한 대한민국의 우주 기술 자주 독립에 이어, 제대로 된 국내 위성 개발의 터전을 마련하는 계기가 될 것이라 믿습니다.

회사의 주인이 누가 되든, 우리는 '우리가 원하는 일'을 묵묵히 해내면 됩니다. 대기업의 의사 결정 구조는 의외로 매우 간단하다고 생각합니다. 그들에게 이익이 된다면 굴러온 보배를 차버리는 일은 하지 않을 겁니다. 우리나라 근대사의 재벌들과는 달리, 좀 더 열린 마음으로 회사를 경영할 후

계자 가운데 배울 만큼 배웠고 사회적으로도 좋은 평가를 받는 분이 회사의 새로운 주인이 되었습니다. 후견인으로서 쎄트렉아이가 지난 20여 년 동안 이뤄온 것들을 제대로 평가하고 우리의 조직 문화를 존중해주고 앞으로 더 큰 역할, 제대로 된 역할을 하도록 큰 힘이 되어줄 거라 믿습니다.

여러분, 갑작스레 찾아온 변화가 우리에게 새로운 도약의 기회가 되도록 함께 노력하기를 바랍니다. 지난 두 달여의 과정에 대해서는 김이을 대표가 소개했지만 부연해서 몇 가지만 더 말씀드리고자 합니다.

한화와의 첫 접촉은 2005년으로 기억됩니다. 당시 해외 수주 사업의 한계를 회사의 가장 큰 위험 요소로 인식하면서, 국내 사업을 한 축으로 삼기 위해서는 '언제든 망할 수 있는 회사'라는 인식을 불식시켜야 했습니다. 이를 위해 대기업과의 전략적인 제휴가 필요하다고 판단했고, 맨 처음 접촉했던 곳은 삼성이었습니다.

당시 삼성전자 대표이사를 역임했던 진대제 정보통신부 장관의 주선으로 삼성에서 20~30퍼센트 수준의 전략적 투자를 유치하기 위해 두 달간 작업을 진행했으나 결과적으로 삼성에서는 정부의 영향력이 큰 사업 영역에는 참여하지 않겠다고 통보했습니다. 그 뒤 한화로부터 투자 의사가 있다는 연락을 받았으나 그때는 더 이상 이야기를 진행하지 않았습니다. 곧이어 회사는 대안으로 IPO를 결정했고 2008년, 코스닥에 상장하게 되었습니다.

2015년 한화가 삼성으로부터 방산 분야의 자회사를 인수한 뒤 우리 회사에 투자하고 싶다고 연락했고, 미팅을 했지만 그 무렵에도 개인적으로는 그다지 적극적이지 않았습니다. 어쩌면 지나친 자신감 때문이었는지도 모르겠지만, 그때까지만 하더라도 '우리 스스로 미래를 결정하겠다'는 생각이 지배적이었던 것 같습니다.

2020년 11월 초, 그랬던 제가 한화에 미팅을 제안하게 됩니다. 425 사업의 경험이 가장 큰 이유이기도 했지만, 앞으로 우리 회사가 국내에서 본격적으로 개발이 이뤄질 감시정찰위성군 사업에서 확실한 역할을 맡지 못하면 영구적으로 도태될 수밖에 없을 것이라는 위기감 때문이었습니다. 잘 아시는 바와 같이 조만간 소형 SAR위성군 프로젝트가 시작될 예정이고, 425위성 후속 사업도 머지않아 착수될 것입니다. 이에 이들 사업에서 주요한 역할을 하기 위해서는 기술력 보유 여부와 무관하게 대기업과의 협력 체계 마련이 필수적이라고 판단했습니다.

11월 초 한화그룹의 실질적인 경영자를 만나 우리 회사의 새로운 주인이 되어줄 것을 제안했습니다. 이후로 약 두 달간 진행된 실사와 계약 협상 과정에서 한화는 우리의 입장을 최대한 존중해주었고 요구한 사항들을 약속했습니다. 통상적인 회사 인수에서는 기존 경영진이 보유한 지분을 매입해 최대 주주가 되는 것이 일반적입니다. 이 경우, 인수하는 회사 입장에서는 적은 비용이 들지만, 인수되는 회사에는 아무런 자본적 이득이 발생하지 않습니다. 쉽게 말해서 회사에는 한 푼도 들어오지 않고 경영진만 보유 주식에 대한 대가를 지불받게 됩니다. 이와 달리 신주 발행을 통한 방식은 그만큼의 돈이 회사에 잉여 자본으로 들어오고 회사는 이를 이용해서 연구동을 신축하거나 연구 개발 자금으로 활용이 가능한 것입니다.

한화는 향후 10년간 현재의 경영 체계를 그대로 유지하는 것을 인정해 주었고 그동안 대표이사와 CFO의 선임권도 현재의 경영진이 갖게 됩니다. 물론 10년 뒤는 담보할 수 없습니다만 그건 우리가 어떻게 하느냐에 달려 있다고 봅니다. 우리는 현 대표이사에 이어 회사를 경영할 후보자를 충분한 기간에 걸쳐 육성할 예정이고 그분이 다음 대표이사 역할을 소신껏 수행할 수 있도록 최선의 노력을 다할 것입니다.

이번 한화의 투자가 기사화되면서 몇몇 분은 보수나 복지가 한화 수준으로 좋아지는가에 관심을 가지더군요. 짧게 결론을 말씀드리자면 회사의 운영 방식은 예전처럼 우리가 정하는 것이기 때문에 인사 제도, 성과 보상, 복리 후생 등 당장에 생각할 수 있는 것들에는 변화가 없을 겁니다.

또 다른 분들은 앞으로 대기업이 새로운 주인이 됨으로 인한 부작용에 대한 우려를 표하셨습니다. 이런 분은 대부분 설립 초기부터 회사를 함께 키워온 사람들이고 우리가 가진 다수의 좋은 점, 특이한 점에 대한 애착이 클 겁니다. 단언컨대 이러한 장점은 유지하고 지켜낼 것입니다. 중소기업의 한계와 늘 부족한 자원 때문에 회사 구성원에게 더 잘해주고 싶어도 할 수 없었던 게 있는 것이 사실이지만 실사 과정에 참여한 한화 측 인원들도 부러워할 만큼, 우리는 나름의 장점을 많이 갖고 있다고 믿습니다. 다만 이런 점들이 10년 이후에도 유지되기 위해서는 우리가 지난 20여 년 동안 잘해왔던 기조를 꾸준히 이어가야 할 것입니다. 어쩌면 우리 회사의 조직 문화와 장점이 한화그룹으로 녹아들 수도 있을 겁니다.

이번 변화는 하나의 사건이 아니라 과정으로 이해해주시길 부탁드립니다. 저는 회사 설립 이후 최초 5년간, '제발 살아만 있어다오'라는 심정으로 기도하며 살았습니다. 5년이 지난 이후로는 '내가 갑작스레 비명횡사하더라도 회사와 구성원에게 지장을 초래하지 않는 방법이 뭘까'라는 고민을 달고 살았습니다. 미국 포천(Fortune) 500대 기업의 평균 수명이 40년이라고 합니다. 회사도 유기체이기 때문에 언젠가는 사라질 수밖에 없는 게 사실입니다. 다만 그 생명이 언제까지 지속되느냐는 스스로 혁신하고 성장하기 위한 노력의 정도에 달렸다고 봅니다.

30여 년 전 위성 기술을 배우러 유학을 떠나면서 다짐한 것이 있습니다.

이런 안타까운 현실을 후배들에게는 절대 물려주지 말자.

지금도 변함없으며, 이 생각이 회사 구성원 모두에게 공유되기를 바랍니다. 이번 과정을 미리 함께 상의하고 결정하지 못한 점, 매우 안타깝게 생각합니다. 그에 대해서는 다시 한번 너그러운 이해를 부탁드립니다.

우주 시대가 왔다. 현대가 정보와 네트워크의 시대라면 우주 시대는 정보와 네트워크가 우주로 확장되는 시기다. 인류는 언제나 우주에 관심을 가지고, 우주로 진출하려고 노력해왔지만 지금은 이전과는 완전히 차원이 다른 새로운 시대가 되었다.

우주 시대를 위해 넘어야 할 가장 높은 장벽은 일단 우주로 나가는 것이다. 우주 시대는 우주로 나가는 비용이 획기적으로 낮아지면서 열렸고, 그 중심에 혁신 기업 스페이스X와 블루오리진이 있다. 2015년 두 기업은 사용된 발사체를 회수해 다시 사용하는 재사용 로켓 개발에 성공하면서 뉴스페이스 시대를 열었다. 우리나라도 2022년에 자체 기술로 개발한 누리호 시험 발사에 성공하면서 우주 시대에 뒤처지지 않기 위해 노력하고 있다. 아직 선발 주자들과 기술 차이는 있지만, 발사체는 국가의 기반 기술이기 때문에 늦었더라도 반드시 추진해야 하는 일이다.

발사체가 뉴스페이스 시대를 열었다면, 새롭게 열린 우주산업의 주인공은 인공위성이라고 할 수 있다. 사실 발사체의 역할은 인공위성을 우주로 보내는 것이다. 인공위성을 사용할 일이 없다면 발사체는 아무런 쓸모가 없다.

실제로 전 세계 우주산업 시장에서 발사체가 차지하는 비율은 5퍼센트도 되지 않는다. 가장 큰 시장은 통신과 인터넷을 주로 제공하는 위성 서비스이고, 앞으로 크게 성장할 분야는 지구 관측을 포함하는 데이터 시장이 될 것이다. 이미 인공위성으로 원유 저장고를 촬영하고 분석하여 유가를 예측하거나 농작물 수확량 예측, 주차장 분석을 통한 마트 매출 예측 등이 이루어지고 있기도 하다. 결국 인공위성이 우주산업의 핵심이다.

스페이스X는 2022년, 전쟁으로 상황이 어려워진 우크라이나에 스타링크를 제공해 위성 인터넷 서비스의 위력을 보였다. 스페이스X는 2022년 현재 2000개가 넘는 스타링크 인공위성으로 인터넷을 제공하고 있고, 2020년대 중반까지 1만 2000개, 장기적으로는 4만 개의 위성을 쏘아 올려 지구 전역에 초고속 인터넷 서비스망을 구축할 계획이다. 지금 준비 중인 6G 역시 인공위성을 이용한 통신이 필수적이다. 인터넷과 통신에서 인공위성의 역할은 앞으로 더욱 중요해질 것이다.

인터넷이 처음 도입되었을 때 초기에는 이메일 정도가 제공되었지만, 지금은 그 당시라면 상상도 할 수 없었던 서비스들이 등장했다. 앞으로 더 많은 위성이 올라가고 사진의 해상도도 더 좋아지면 어떤 새로운 서비스가 나올지 알 수 없다. 그런 점에서 우주 시대는 기회의 시대이기도 하다.

사실 우리나라는 아직 뉴스페이스 시대에 진입했다고 보기는 어렵다. 정부 주도의 우주 기술 개발이 아직 민간으로 이어지지 않고 있는 것이다. 자체 개발한 인공위성을 외국으로 수출하는 쎄트렉아이가 그나마 간극을 메워주고 있다.

아무것도 없는 맨바닥에서 시작하여 외국으로 인공위성을 수출하는 기업으로 성장한 쎄트렉아이의 스토리는 우주 시대에 진입하는 우리에게 좋은 선례를 보여주었다. 우주산업은 다른 어떤 분야보다 성장 가능성이 높고 새로운 아이디어와 기술로 도전할 기회가 많은 곳이다. 이러한 기회의 시대에 용감하게 도전하는 모든 분을 진심으로 응원한다.

2014년에 개봉된 〈우리별 1호와 얼룩소〉라는 애니메이션이 있다. 이 작품은 스페인에서 열린 시체스 국제 판타스틱 영화제에서 최우수 장편 애니메이션상을 수상하기도 했다. 수명을 다한 우리별 1호는 대기권으로 진입하여 소멸할 처지였지만, 신비한 힘이 작용해서 소녀의 모습으로 탄생하게 해 살아남는다는 이야기다.

설계 수명이 5년이었던 우리별 1호는 12년이 지난 2004년 말까지 교신이 가능했다. 지금은 작동하지 않지만 여전히 그 궤도를 돌고 있다. 한때 우리별 1호를 회수해 오는 계획이 잠시 논의된 적이 있었다. 현재 우리의 기술로는 어렵지만 도저히 할 수 없는, 불가능한 일은 아니다. 언젠가 기술 수준이 충분히 올라가고 우리나라 최초의 인공위성에 대한 가치를 높이 평가하여 우리별 1호를 회수할 날이 오기를 바란다. 우리나라의 우주 시대를 처음 열어준 우리별 1호가 영원히 우주 쓰레기로 남아 있지는 않았으면 한다.

SATREC I

부록

RUSH

쎄트렉아이
창업자가
우주 세대에게
건네는 미래

01. 지금, 인공위성이 산업이 되려면

우리나라의 위성 개발은 처음부터 기술 개발 그 자체에만 초점을 맞춰 진행되었다. 그러다 보니 경제성을 포함한 산업 측면은 그다지 심각하게 고려되지 못했다. 최근까지 우주산업화에 대한 정부 정책이 수차례 발표된 바 있지만 여전히 전 세계 위성 시장에서 우리나라가 차지하는 비중은 현저히 낮은 상황이고, 특히 산업화 측면에서 위성 개발 프로그램의 정부 기여도는 실망스러운 수준이다.

1992년에 발사된 우리별 1호와 1995년에 발사된 무궁화 1호에 이어 1999년에 발사된 아리랑 1호로 우리나라의 위성 개발은 본격화되었다. 우리별 위성은 과학기술 실험 및 인력 양성을 목적으로 카이스트가 영국 서리대학으로부터 기술이전을 받아 개발한 것이다. 우리별 1호로 시작해 국내에서 자체적으로 우리별 2, 3호를 개발했고 이후 과학기술위성 1, 2, 3호, 나로과학위성 그리고 차세대 소형위성 1, 2호로 이어졌다. 한국통신

(KT)이 소유한 무궁화 위성은 통신방송위성으로서, 록히드 마틴(무궁화 위성 1, 2, 3호)과 탈레스알레니아(무궁화 위성 5, 6, 5A, 7호) 같은 미국과 유럽의 대표적인 위성 제조 회사로부터 구매하여 상업 서비스를 제공하고 있다.

지구 관측을 주 목적으로 하는 아리랑 위성 개발은 1990년대 중반부터 정부 연구개발 사업으로 항공우주연구원이 주관해왔다. 아리랑 1호는 미국 TRW로부터 기술이전을 받아 1999년에 발사되었고, 아리랑 2호는 아리랑 1호 본체 기술을 기반으로 이스라엘 ELOP으로부터 고해상도 광학 카메라 기술을 이전받아 2006년에 쏘아 올렸다. 이후 지속적으로 더 나은 성능의 아리랑 3호(2012년 발사), 아리랑 3A호(2015년 발사)가 개발되었고 아리랑 5호(2013년 발사) 때는 야간이나 날씨에 상관없이 관측 가능한 SAR 탑재체를 탈레스알레니아로부터 기술이전 받아 만든 바 있다.

아리랑 3A호와 아리랑 5호는 국방부 예산이 투입되어 국방과학연구소가 탑재체 개발에 참여했다. 현재 아리랑 5호의 후속 위성으로 아리랑 6호가, 아리랑 3A호의 후속 위성으로 아리랑 7호와 7A호가 항공우주연구원 주관, 국방과학연구소 참여로 개발 중이다.

우리나라 대표 지구관측위성인 아리랑 위성은 처음에 국내 기업이 부분체 개발 형태로 참여했다가 아리랑 3A호에 이르러 기업이 본체를 주관했으나 다시 항공우주연구원 주관으로 개발 체계가 변경되었다. 기업은 여전히 부품, 부분체 국산화와 항공우주연구원에 인력을 파견하여 조립, 시험 등의 업무를 지원하고 있다.

이와 별개의 지구관측위성 프로그램으로, 무게 500킬로그램 규모의 차세대 중형위성 개발 사업이 2015년부터 시작되었다. 2021년까지 차세대 중형위성 1, 2호를 개발하기로 한 1단계에서는 항공우주연구원이 주관 개발하고, 국내 기업들은 아리랑 위성 개발과 유사한 형태로 참여하고 있다. 2019년 시작된 2단계부터는 우리나라 항공우주 분야의 대표 기업인 한국항공우주산업이 본체를 주관 개발하지만 여전히 탑재체 개발은 항공우주연구원이 주관하고 있다.

아리랑 1호 개발이 시작된 1990년대 중반 무렵, 삼성전자를 비롯해 대우중공업, 한라중공업, 현대전자 등이 국내 위성 사업을 주관하기 위한 방안을 모색했다. 하지만 정부 예산에 바탕을 둔 연구개발 사업이라는 특성, 당시 어느 회사도 위성 개발에 대한 충분한 경험이 없었다는 한계, 기업들 간의 이해관계, 국가 연구개발 사업을 주관하는 과학기술처가 위성 개발을 주도했다는 점 등으로 인해 특정 회사를 주관 기업으로 선정하기보다는 정부출연연구소가 전체 사업을 맡아 관리하고 기업들은 개별 부분체를 담당하는 방식이 되었다.

이미 우주개발 선진국들은 위성 개발의 대부분을 민간 기업이 진행하고 있었는데, 우리는 정부출연연구소 주도로 위성 개발을 시작했다. 만약 그 당시 일정 부분 리스크를 감수하고서라도, 위성을 연구개발 대상이 아닌 하나의 산업으로 인식하고 하나의 기업을 선정하여, 산업부나 국방부가 주도했더라면 어떠했을까?

※ 차세대 중형위성 1호는 2021년 3월, 발사에 성공했다.

아리랑 1호 개발이 마무리되고 후속 위성이 착수될 무렵, 국가정보기관이 수요처로서 입장을 명확히 표시한 것은 기술 개발보다 활용 측면이 확실하게 부각되었다는 점에서 큰 의미 부여가 되었다. 하지만 당시 국가적인 경제 위기로 항공우주 분야의 세 회사(삼성항공, 대우중공업, 현대우주항공)가 하나의 법인(한국항공우주산업)으로 통합된 것은 위성 개발이 산업화로 변모할 수 있었던 시기를 늦출 수밖에 없는 상황을 초래했다.

1997년 아리랑 2호의 기획 단계에서 다시 삼성전자와 현대전자가 기업 주도의 개발 체계를 요구했으나 두 회사 모두 정부가 확신을 가질 구체적인 방안을 제시하지 못했던 것도 아쉬운 부분이다. 좀 더 적극적인 자세를 유지하고 신뢰도가 높은 기술 도입선과 투자 계획 그리고 산업화 방안을 제안했더라면 위성 개발이 좀 더 이른 시간에 산업화될 수 있지 않았을까 하는 아쉬움이 남는다.

나는 우리나라 입장에서 지구 관측 임무를 대표하는 아리랑 위성 프로그램만큼은, 북한에 대한 영상 정보를 독자적으로 획득하는 수단의 확보와 더불어 지구관측위성 시장으로의 진출이 균형 있게 도모되어야 했다고 본다. 여기서 말하는 지구관측위성 시장은 위성 그 자체를 외국에 판매하는 것과 이 과정에서 국산화된 핵심 부품의 판매, 그리고 한반도를 제외한 나머지 지역을 촬영한 위성 영상 판매를 포함한다.

정부출연연구소 중심의 위성 개발이 안고 있는 문제는 한번도 제대로 논의된 적이 없지만 쉽게 나열이 가능하다. 연구개발이 본연의 역할인 과학기술부와 정부출연연구소 중심의 위성 개발은 계획 단계에서 경제성이

나 효율성보다는 정부출연연구소 연구자의 인력 규모를 감안해 실현 가능한 수준으로 목표를 수립한다는 한계를 갖고 있다.

개별 연구개발의 성과가 아무리 우수한 평가를 받더라도 막상 시장에서는 그리 환영받지 못하는 상황이 될 수 있다. 정부출연연구소는 기업과 비교하여 훨씬 우수한 인력 구조를 가지고 있지만 정해진 규모 이상의 채용은 거의 불가능한 실정이다. 기업은 필요한 경우, 타 부서의 직원을 재배치하거나 신규 채용이 가능하지만 정부출연연구소는 고유의 연구 분야를 넘나드는 인원 재배치가 불가능하다. 이런 이유로 기관 차원의 인건비 확보가 신규 연구개발 과제를 만들어내는 가장 중요한 이유가 되기도 한다.

새로운 수요와 시장 기회에 부응하는 선제 투자나 전략적 제휴처럼 기업들에는 일상적인 경영 전략이 정부출연연구소에서는 작동될 수 없는 구조다. 3년마다 교체되는 기관장과 주요 보직자들의 임기도 중장기 전략 아래 일을 벌이는 데 커다란 장애가 된다.

때로는 정부출연연구소가 기업을 경쟁 상대로 생각하는 경우도 발생한다. 기업과 정부출연연구소의 기술 격차가 컸던 시기에는 각각의 역할, 관계가 명확했지만 해당 기술 분야의 산업화가 고도화할수록 두 곳의 역할이 중첩되는 경우가 많아지기 때문이다. 기업은 필요한 경우, 정년과 무관하게 고용 관계를 유지할 수 있지만 정부출연연구소는 불가능하다. 이상적으로는 정부출연연구소에서 경험 많은 연구자들이 기업으로 스카우트되어 기술 개발의 성과가 산업화로 이어져야 하지만 불행하게도 우주 분야에서는 이러한 사례를 찾아보기 힘든 실정이다.

이제 구조적인 문제와 별개로 고민했으면 하는 이슈를 몇 가지 던져보고자 한다. 첫 번째는 위성보험에 대한 것이다. 1995년 무궁화 1호가 발사되는 단계에서 델타 로켓의 보조 로켓 하나가 분리되지 않는 문제가 발생해 결과적으로 수명이 절반 이하로 줄어들었다. 그 이후 우리나라에서 개발되는 모든 위성은 이유를 막론하고 위성보험에 가입한다. 아무도 이에 대해 의문을 제기한 적이 없다.

그런데 위성 개발 선진국의 경우, 상업 목적으로 개발된 위성이 아닌 군용위성이나 과학위성처럼 정부가 개발하는 것은 보험에 가입하지 않는다. 발사나 운용 과정에서 문제가 발생했을 때 보험 가입이 위성 개발 기관의 책임을 면하는 수단으로 사용된다는 것이다. 국가 예산이 낭비되는 건 아닌지 한번쯤 심각하게 돌아볼 부분이다.

두 번째는 국산화에 대한 것이다. 예를 들면 2018년에 발표된 '제3차 우주개발 진흥기본계획'에 따르면 아리랑 3A호의 국산화율은 설계 기술 100퍼센트, 구성품 67퍼센트로 제시되어 있다. 이러한 숫자가 무엇을 의미하는 것일까? 국산화 부품의 대상이 과연 핵심 기술인가? 외국에서 복수의 공급처를 찾을 수 없거나 미국이 ITAR 등의 기술 규제를 적용하게 되면 수입이 불가능해져 전체 프로그램에 차질이 생길 만큼 중요한 부품인가? 아니면 국산화율을 높이기 위한 목적으로 국산화가 '가능한' 부품을 선정한 것은 아닐까? 국산화된 부품 또는 부분체 내에 ITAR 소자, 부품이 포함되었다면 동일한 문제는 여전히 존재하는 상황. 과거 S대역 트랜스폰더를 국산화했다가 부품이 단종되면서 자체적으로 설계 변경을 할 수 없어 결국 다시 외국 회사에서 구매한 사례가 있었는데, 이런 경우도 국산화했다고 해야 할까?

위성 개발에서 국산화율의 정의에 대해 명문화된 것이 없다. 초기에는 심지어 부품 숫자를 가지고 국산화율을 말하기도 했다. 요즘 방산 분야에서는 부가가치를 기준으로 국산화율을 정의한다. 그만큼 이 분야도 각종 무기의 국산화 과정에서 외부로부터 많은 비판을 받았기 때문에 어떤 기준이 가장 합리적일까 고민한 끝에 내린 결론이라 보이며, 일견 합리적이라고 판단된다.

한편으로 이렇게 20년 이상의 위성 본체 핵심 부품의 국산화 역사를 가지고 있으면서도 국내에서 개발된 부품이나 부분품이 외국으로 온전히 수출된 사례가 없다는 건 무엇을 의미할까? 국내 기업들이 위성 개발 프로그램을 위한 부품 국산화를 진행하는 과정에 소요되는 비용은 해당 부품을 외국에서 구입하는 경우보다 대부분 몇 배 더 요구되는 실정이다. 이처럼 더 많은 비용을 지불하고 국산화 부품을 탑재한 인공위성이 과연 세계 시장에서 가격 경쟁력을 유지할 수 있을까? 자칫 부품 국산화가 위성 수출의 장애 요인이 되지 않을까?

세 번째는 '어떻게 하면 국가 우주개발 프로그램을 통해 개발된 인공위성을 해외에 판매할 수 있을까'에 대한 것이다. 2018년 말에 발표된 '대한민국 우주산업전략'에 따르면 '민간 주도의 우주산업 시장 확대'를 위해, ① 국가적 우주 활용 촉진 및 공공 수요 체계화, ② 국가 우주개발 추진 방식의 획기적인 개편, ③ 우주 제품 수출을 통한 글로벌 시장 진출 지원, 이렇게 세 가지를 세부 추진 과제로 제시한 바 있다.

이는 과거에 비해 구체적인 목표와 실행 계획을 제시했다는 점에서 진일보했다고 평가할 수 있지만, 여전히 인공위성의 해외 수출에 대한 적절한 처방이라고 하기에는 미흡한 부분이 많다. 정부출연연구소가 주관하여 개발한 위성 시스템을 국내 기업에 이전하여 수출이 가능하도록 하겠다는 바는 우주산업의 속성을 전혀 이해하지 못하는 데서 비롯된다. 위성 시스템의 구매자는 계약의 당사자가 해당 위성을 주관 개발한 이력을 요구할 것이기 때문이다. 인공위성 해외 수출을 위해서는 기업으로의 기술 이전이 아니라 기업이 맡아 개발한 경력이 필요하다.

02. 우리가 원하는 우주산업의 생태계

1986년 이래 내 삶의 터전은 대덕연구단지였다. 과학기술자가 되기 위해 이곳으로 왔고, 그동안 너무나 많은 혜택과 기회를 받았다. 나만의 이야기는 아닐 듯하다. 국민들이 낸 세금으로 연구개발의 첨병 역할을 하는 대덕연구단지 종사자라면 우리나라 국민 그 누구보다도 책임감을 가져야 할 것이다. 이에 따라, 정부출연연구소가 가장 많이 모인 대덕연구단지를 중심으로 정부출연연구소의 효과성 증진을 위한 방안을 아래와 같이 제시해보았다.

매년 수십조 원의 국가 예산이 연구개발비로 투자되고 최고의 이공계 인력이 모인 정부출연연구소들이 있음에도 늘 미흡함이 느껴지는 근본적인 이유가 무엇일까? 연구개발의 대표 성과라 할 수 있는 특허출원과 등록은 빈번하게 이뤄지지만 기술이전 수입으로 등록된 특허를 유지하는 비용도 감당하기 힘든 실정이다. 문제의 원인은 훌륭한 연구자와 조직관리자, 리더의 호흡이 맞지 않아서라고 생각한다.

선진국의 경우, 연구자들이 일정 직급에 도달하면 커리어패스(연구자경로 또는 관리자 경로)를 결정하게 하고, 상위 직급으로의 승진 또는 특정 보직을 맡기 전에 각각의 역할 수행에 요구되는 적합한 교육 훈련을 사전에 이수하도록 한다. 이와 달리 우리나라는 정부출연연구소에서 해당 연차에 도달하면 리더십이나 관리 역량의 보유 여부와 상관없이 부서장 보직을 맡거나 대규모 연구개발 사업 책임자 역할을 하게 된다.

개인의 능력이 뛰어난 연구자라도 세상의 변화와 미래를 예측하고, 연구개발의 방향을 정하며, 조직 구성원의 개별 역량을 극대화하는 비전과 전략을 제시하는 리더의 소양이 부족할 수 있다. 이러한 경우 연구개발 투자 대비 효과가 현저히 낮은 경우가 발생하기도 한다. 이럴 때 자칫하면 '국가가 필요로 하는' 것보다 '내가 원하는' 연구를 하게 할 수도 있고, '국가가 원하는' 것이 아닌 '연구소가 먹고살기 위한' 연구를 하는 결과가나올지 모른다.

연구 조직의 리더십과 관리 역량은 막대한 국가 예산이 투자되는 연구개발 사업의 성과와 직접적인 상관관계를 가지며, 기업가 정신과 리더십소양을 갖춘 연구자 없이는 지금 정부가 원하는 기술 기반 창업이나 기술사업화를 통한 경제 발전은 소원할 수밖에 없을 것이다.

정부도 이를 인식하고 2007년, 과학기술인력개발원을 설립했으나 여전히 법정 교육 이상의 다양한 프로그램을 제공하기에 턱없이 부족한 실정이다. 정부출연연구소 대부분이 모인 대덕연구단지의 경우 카이스트 캠퍼스가 있음에도 카이스트가 보유한 훌륭한 교육 인프라를 정부출연연구소 연구자들이 전혀 활용하지 못하는 실정이다. 정부출연연구소 간의 벽은 여전히 높고 다양한 연구 분야의 융합과 교류를 이끌어낼 '멜팅팟'이 없다. 정부출연연구소 연구자들 대부분이 최고 학력의 소지자이지만, 이들이 수강할 적정한 수준의 MBA 프로그램은 모두 서울에 있다. 이를 개선하기 위한 방향으로 다음의 세 가지를 제안하고 싶다.

첫째, 기업가 정신 및 리더십 교육 단기 강좌를 포함해 실무 MBA(Executive MBA)를 운영하여 주말 또는 주중 저녁 시간을 이용해 연구자들이 관리자가 되기 전, 필요한 역량 교육을 이수하도록 한다.

둘째, 카이스트 캠퍼스와 교육 인프라를 이용하여 다양한 학습활동이 이루어질 수 있도록 한다. 대부분의 과학기술 분야 정부출연연구소가 모여 있는 대덕연구단지에서 접근이 용이한 카이스트 캠퍼스에는 다양한 전문 분야의 교수 요원과 강의실을 비롯해 최상의 교육 인프라를 보유하고 있다. 미래 사회의 변화 예측, 기술의 융합과 진화 등에 관한 프로그램, 외부 초청 강연 등을 운영해 자연스러운 멜팅팟으로서의 플랫폼을 제공하도록 한다.

셋째, 연구자들의 눈높이에 부합하는 적정 수준의 테크노 MBA 과정을 과학기술인력개발원과 카이스트가 공동으로 신설하거나 홍릉 캠퍼스에서 운영되는 프로그램을 대덕으로 이전하고, 정부출연연구소에서는 일정 수준의 관리자가 되기 전에 MBA를 선행 이수하는 것을 제도화한다.

이 세 가지가 실행되면 대형 국책 연구개발 사업의 효과가 증대될 것이라 확신한다. 사업 책임자의 비즈니스 마인드 함양을 통해 '연구를 위한 연구'가 아니라 경제적 성과 창출을 고려한 사업 계획 수립이 가능할 것이다. 또한 연구자와 관리자 경로를 구분함으로써 연구자 경로를 희망하는 사람들에게는 보직이나 사업 책임자에 대한 부담 없이 연구에 매진할 수 있도록 유도하고, 정년 연장 또는 우수 연구원 제도를 적용해 연구 역량의 지속적인 강화가 가능할 것이다. 그리고 다양한 연구 기관의 연구자와 관리자가 한 공간에 모여 자연스럽게 교류할 기회를 마련해 개방적 혁신이 가능하도록 하면 공동 창업을 모색할 기회를 제공할 수 있으리라 기대된다.

과학기술 분야에서 우리가 원하는 가장 이상적인 혁신 생태계는 고학력 연구자들이 집단으로 사회문제를 정의하고 이를 해결하고자 미래 기술을 선도하며 산업화를 위해 공동으로 창업하는 데까지 이어지면 좋겠다. 그럼에도 이러한 상황이 벌어지지 않는 이유는 무엇일까? 안정적인 직장에서 일하는 연구자들이 지금의 자리를 박차고 창업을 할 만한 이점이 눈에 보이지 않기 때문이다. 지금도 연구원 창업 휴직 제도가 있지만 창업 성공 사례보다는 실패 위주로 틈틈이 공유되고 있다.

1970년대 대덕연구단지가 설립되었을 때만 하더라도 정부출연연구소는 최고 수준의 이공계 인력이 가장 선호하던 곳이었다. 당시 기업이나 대학은 상대적으로 시설이 낙후되었기 때문에 제대로 된 연구를 할 수 있었던 곳이 정부출연연구소밖에 없었다. 게다가 국가 최고 지도자의 전폭적인 관심과 지원이 있었다.

이와 달리 지금의 현실은 어떠한가? 최고 수준의 이공계 인력은 대학을 목표로 한다. 보편적 수준의 연구 기반이 마련된 상황에서 대학은 직장으로서의 안정성, 자율성 측면에서 정부출연연구소 이상으로 선호된다.

대통령의 과학기술에 대한 관심은 과거에 비해 현저히 낮아졌다. 정부출연연구소에 종사하는 연구자들에게서도 과거와 같은 자긍심과 책임감을 찾아보기 힘든 실정이다. 국가와 국민을 위해 '해야만 하는 연구'가 아닌 대학의 영역이라 할 수 있는, '하고 싶은 연구'를 하거나 심지어 민간 기업이기 때문에 '할 수 있는' 연구를 하는 경우도 빈번하게 발견된다. 정부출연연구소가 기업을 연구개발의 경쟁 상대로 생각하는 경우조차 발생하고 있다.

또한 기관장의 선임 방식이나 임기, 그들의 경영 능력은 과거에 견주어 개선되지 않았다. 새로운 연구소는 만들어지지만 사라지는 곳은 전혀 없다. 생태계를 이야기하지만, 생태계의 순리에 역행하고 있는 것이다. 이와 달리 대중이나 언론의 연구개발 투자 효과에 대한 사회적인 요구는 점점 커지고 있다. 과거 TDX, 반도체 그리고 CDMA 같은 대표적인 연구 성과는 더 이상 찾아보기 힘들다.

1990년대 말 국가적인 경제 위기를 경험하면서 정부출연연구소 연구원들의 정년이 65세에서 60세로 낮아졌고 이를 보완하기 위한 방안으로 우수 연구원 제도를 만들었다. 퇴직 이후 65세, 아니 그 이후에도 연구소에서 일할 수 있는 이들은 진짜 연구자다운 연구자여야 한다. 하지만 현실은 전임 원장이나 대규모 사업 책임자들이 대부분인 실정이다. 이런 문제들을 개선하기 위해서는 연구자들에 대한 2-트랙(관리자와 연구자 경로) 제도를 속히 도입해야 한다.

연구개발 성과를 실용화하기 위한 기술 사업화는 대표적으로 연구자 본인이 창업하는 '연구원 창업', 연구소 보유 기술과 외부 자금이 합쳐져 만들어지는 '연구소 기업' 그리고 기술 자체를 기업에 매각하거나 실시권을 허용하는 '기술실시'의 형태로 이뤄진다. 연구자들은 연구원 창업보다 연구소 기업이나 기술실시를 선호하는데, '진료는 의사에게 약은 약사에게'라는 논리를 내세운다.

하지만 나는 그 방식이 '내가 낳은 자식을 남에게 맡기는 것'이라고 본다. 연구자들은 기술실시를 통해서 성과를 인정받고 보상받지만 우리가 원하는 궁극적인 바는 형태를 떠나 세금으로 개발된 기술이 경제적으로 몇 배 더 국가 경제에 기여하는 것이다. 10억 원을 들여 개발한 기술이 1억 원의 기술실시료로 돌아오는 게 아니라 국민들은 100배 이상의 매출로 사회에 기여하고 수백 명의 고용 효과를 거두기를 기대하지 않을까?

정부출연연구소가 원천, 핵심 기술을 개발해 기업으로 기술을 이전하고 기업이 산업화하고 수출하도록 하겠다는 전략은 아주 오래전에나 유효했던 일이다. 기술 변화가 심한 현실에서는 더 이상 작동하지 않는다. 지금은 타임투마켓(Time-to-market)이다. 기술이전 단계를 거치는 동안 그 기술은 더 이상 시장에서 유효하지 않을 수 있다.

---

* 제품을 개발하고 만들어 시장에 내놓는 데까지 걸리는 시간을 가리킨다.

연구소마다 기술 사업화를 촉진하기 위한 TLO(Technology Licensing Office) 조직을 설립하는 것이 유행이었던 시절이 있었다. 물론 지금도 명칭을 떠나 그러한 기능을 하는 부서는 어느 연구소에나 있다. 하지만 기술 사업화가 성공하기 위해서는 TLO 조직 내에 매우 우수한 인력을 유치하는 것이 필수 조건이다. 변호사, 변리사, 사업 경험자, 기술 전문가가 없이는 연구소에서 개발된 기술을 적정하게 가치 평가하는 것도 불가능할 뿐더러 그 기술을 필요로 하는 잠재 수요자를 발굴하는 일조차 가능하지 않기 때문이다.

이를 위해서는 현재의 기술료 수입 배분 체계 또한 대폭 개선이 필요하다. 물론 기술 개발에 참여한 인력에 대한 직접 보상은 유지되어야겠지만 TLO 조직에 대한 보상과 이 조직을 고도화하기 위한 목적으로 기술료가 활용될 수 있어야만 한다.

연구개발 과제에 참여하는 연구원들의 인센티브 제도 역시 바뀌어야 한다. 현재 규정대로라면 정부 연구개발 과제는 연구비 규모가 큰 사업일수록, 다시 말해 나랏돈을 더 많이 쓰면 쓸수록, 연구원에게 더 많은 인센티브가 배분되는 구조다. 경제적인 부가가치 창출에 대한 결과와 무관하게 결정된다는 것이다.

국가 연구개발 혁신 방안 마련을 위한 수많은 회의에 참여해보았지만 우리는 '혁신'이라 쓰고 '개선'이라 이해한다는 느낌을 저버릴 수가 없다. 정부 연구개발 예산을 지금의 반으로 줄이거나, 정부출연연구소의 기본 예산을 제외하고 전액 삭감하면 5~10년 뒤에 우리나라는 과연 어떻게 변

해 있을까? 간절하면 방법은 어떻게든 찾는다. 문제는 연구개발 혁신의
주체들이 절실하지 않다는 점이다. 그 가운데 국가가 해야 할 역할은 무
엇인가? 가장 큰 문제는 국가 스스로가 무엇을 해야 하는지 모르는 것이
아닐까?

03. 우주 강국의 기반을 마련하기 위해서

2022년은 우리나라가 최초의 국적 인공위성 우리별 1호를 발사하며 국가 우주개발을 본격적으로 시작한 지 꼭 30년이 되는 해다. 최근 들어 실리콘밸리를 중심으로 부는 뉴스페이스의 새로운 바람과 2022년 6월 누리호의 성공적인 발사 그리고 우주개발에 각별한 관심을 표명한 윤석열 정부의 출범은 우주 강국의 기반을 마련해주길 바라는 온 국민에게 큰 기대를 갖게 하고 있다. 선진국에 비해 매우 늦은 출발이었지만 한 세대 만에 놀라운 수준의 기술 역량을 축적했고, 이제 우주 선진국 진입을 눈앞에 두었다.

한 나라의 우주개발은 최고 지도자의 원대한 꿈과 국민적 성원을 바탕으로 한 장기적인 투자가 필수다. 대통령은 임기 내에 가시적인 성과를 거두려 해서는 안 된다. 오히려 임기 중에 씨를 뿌리고 토양을 비옥하게 하겠다는 자세가 필요하다. 그동안 선진국 추격을 위한 연구 중심의 우주

개발에서, 앞으로는 다음의 요소가 균형 있게 고려되어야 할 것이다.

첫째, 민간 중심의 우주개발로 전환이 필요하다. 세계 우주산업 규모는 약 400조 원으로 알려져 있다. 이 가운데 인공위성과 발사체가 차지하는 시장은 5퍼센트에 지나지 않는다. 나머지 95퍼센트의 시장은 통신 단말기나 영상 데이터 서비스 및 활용 분야다. 앞으로는 인공위성과 발사체처럼 하드웨어 중심이 아니라 인간 삶의 영역 확장이라는 관점에서 파괴적이고 혁신적인 비즈니스 모델을 기반으로 우주산업을 개척해야 한다.

우리나라의 강점인 정보 통신과 인공지능 기술을 우주산업에 접목하고, 민간 자본을 동원해 사업적 모험을 감수하겠다는 기업이 많이 나올 수 있도록 해야 한다. 정부는 이들이 제공하는 서비스의 선구매를 통해 기업이 시장을 확대하고 수출할 수 있도록 최초의 수요자로서 마중물 역할을 담당해야 할 것이다.

둘째, 국방 안보의 우주 수요를 적극 반영해야 한다. 전시작전통제권의 환수를 준비하고 북한 미사일 위협 및 국지 도발의 조기 탐지를 위해, 우주 자원을 감시 정찰의 중요한 수단으로 강구해야 한다. 국방 우주는 공공 목적의 위성 개발과는 다른 바구니에 담아야 하며, 전략적 차원에서 우주탐사나 기술 검증 프로그램과 유기적인 관계를 형성해야 한다.

두 차례 누리호 발사로 검증된 액체 엔진 기술과, 2021년 5월 한미 미사일 지침 종료로 활용할 수 있게 된 고체 추진 기술은 우리나라 우주 발사체 개발을 위한 양수겸장의 카드가 될 것이다. 자력 발사가 필수인 국방용 위성의 발사 수요를 충족시키고 중형위성 발사체 세계시장에서의 경제성을 확보하기 위해, 이미 검증된 두 카드를 적절히 조합해야 한다. 우주탐사나 정지궤도위성처럼 발사 빈도가 잦지 않은 경우에는 외국 발사체를 이용해도 무방할 것이다.

마지막으로 우수한 신진 인력이 꾸준히 우주 분야로 유입되어야 하고 선배들의 경험과 기술이 제대로 전수되어야 한다. 미국과 일본이 1980년 대~1990년대에 비극적인 우주왕복선 사고와 연쇄적인 H2 로켓 사고를 경험한 것이 세대 차에 기인했다는 사실을 주지하고 우리도 미리 대비해야 한다.

우리별과 아리랑 위성이 개발된 지 벌써 한 세대의 시간이 지났다. 우리나라 우주개발 1세대가 은퇴했거나 은퇴를 눈앞에 둔 현 시점에서 리더십, 프로젝트 관리, 시스템 엔지니어링, 시험 평가, 운용 등을 주도할 전문 인력 양성이 제대로 준비되고 있는지, 기술과 경험이 세대 간에 온전히 전달되고 있는지 사전에 점검해야 할 것이다.

그동안 우리는 척박한 이 땅에 씨앗을 뿌리고 물을 주어 성공적으로 싹을 틔웠다. 하지만 앞으로의 세대가 과실을 풍성하게 수확하기 위해서는 양질의 거름과 따뜻한 관심이 아직도 더 필요하다. 자칫 덜 익은 과실을 수확하려는 우를 범해서는 안 될 것이다.

찾아보기

쎄트렉아이 러시

초판 1쇄 발행 2022년 8월 11일 초판 2쇄 발행 2022년 8월 25일

지은이 박성동 이강환
펴낸이 이승현

편집2 본부장 박태근
지적인 독자 팀장 송두나
편집 김예지
디자인 함지현

펴낸곳 ㈜위즈덤하우스 **출판등록** 2000년 5월 23일 제13-1071호
주소 서울특별시 마포구 양화로 19 합정오피스빌딩 17층
전화 02) 2179-5600 **홈페이지** www.wisdomhouse.co.kr

ⓒ 박성동 이강환, 2022

ISBN 979-11-6812-324-3 03320